Carl Fr. Widman

TEN
SELECTED ORATIONS
OF
LYSIAS

Edited, with Notes

BY

GEORGE P. BRISTOL
CORNELL UNIVERSITY

ALLYN AND BACON
Boston and Chicago

Copyright, 1892,
By GEORGE P. BRISTOL.

PREFACE.

The aim of this book is to make available for class-room use more of the text of Lysias than is now to be had in our school editions; to supply this text with notes brief but containing references to the standard literature on the subjects of which they treat; to give just enough description of Athenian courts and legal procedure to make plain to the student the setting of the several speeches.

The text, except where otherwise stated, is that of Rauchenstein-Fuhr.

I have kept the usual numerical order of the orations, but have made the grammatical references to the sixteenth speech very full, so that it may be read as the first or second, if teachers prefer to postpone taking up the long twelfth oration until pupils shall have become more familiar with the author.

I desire to acknowledge the kindly assistance I have received from Mr. George A. Bacon in planning the book.

GEORGE P. BRISTOL.

Cornell University,
July 12th, 1892.

TABLE OF CONTENTS.

	PAGE
ORATION VII.	
On the Sacred Olive	1
ORATION XII.	
Against Eratosthenes	12
ORATION XVI.	
For Mantitheus	38
ORATION XVII.	
On the Property of Eraton	45
ORATION XIX.	
On the Property of Aristophanes	49
ORATION XXII.	
Against the Grain Dealers	66
ORATION XXIII.	
Against Pancleon	71
ORATION XXIV.	
For the Cripple	78
ORATION XXXII.	
Against Diogeiton	86
ORATION XXXIII.	
Oration Delivered at Olympia	96

TABLE OF CONTENTS.

	PAGE
NOTES	99–160

APPENDICES.
- A. Law Courts and Legal Procedure at Athens . . 161
- B. Editions of Lysias 169
- C. Some Auxiliary Helps 171

INDEX 173

VII.

ΑΡΕΟΠΑΓΙΤΙΚΟΣ
ΠΕΡΙ ΤΟΥ ΣΗΚΟΥ ΑΠΟΛΟΓΙΑ.

Πρότερον μέν, ὦ βουλή, ἐνόμιζον ἐξεῖναι τῷ βουλομένῳ, ἡσυχίαν ἄγοντι, μήτε δίκας ἔχειν μήτε πράγματα· νυνὶ δὲ οὕτως ἀπροσδοκήτοις αἰτίαις καὶ πονηροῖς συκοφάνταις περιπέπτωκα, ὥστ᾽ εἴ πως οἷόν τε, δοκεῖ μοι δεῖν καὶ τοὺς μηδέπω γεγονότας ἤδη δεδιέναι περὶ τῶν μελλόντων ἔσεσθαι· διὰ γὰρ τοὺς τοιούτους οἱ κίνδυνοι κοινοὶ γίγνονται καὶ τοῖς μηδὲν ἀδικοῦσι καὶ τοῖς πολλὰ ἡμαρτηκόσιν. οὕτω δ᾽ ἄπορος ὁ ἀγών μοι καθέστηκεν, 2 ὥστε ἀπεγράφην τὸ μὲν πρῶτον ἐλάαν ἐκ τῆς γῆς ἀφανίζειν, καὶ πρὸς τοὺς ἐωνημένους τοὺς καρποὺς τῶν μοριῶν πυνθανόμενοι προσῇσαν· ἐπειδὴ δ᾽ ἐκ τούτου τοῦ τρόπου ἀδικοῦντά με οὐδὲν εὑρεῖν ἐδυνήθησαν, νυνί με σηκὸν φασὶν ἀφανίζειν, ἡγούμενοι ἐμοὶ μὲν ταύτην τὴν αἰτίαν ἀπορωτάτην εἶναι ἀπελέγξαι, αὐτοῖς δὲ ἐξεῖναι μᾶλλον ὅ τι ἂν βούλωνται λέγειν. καὶ δεῖ με, περὶ ὧν οὗτος ἐπιβεβουλευκὼς 3 ἥκει, ἅμ᾽ ὑμῖν τοῖς διαγνωσομένοις περὶ τοῦ πράγματος ἀκούσαντα καὶ περὶ τῆς πατρίδος καὶ περὶ τῆς οὐσίας ἀγωνίσασθαι. ὅμως δὲ πειράσομαι ἐξ ἀρχῆς ὑμᾶς διδάξαι.

4 Ἦν μὲν γὰρ τοῦτο Πεισάνδρου τὸ χωρίον, δημευθέντων δὲ τῶν ἐκείνου Ἀπολλόδωρος ὁ Μεγαρεὺς δωρεὰν παρὰ τοῦ δήμου λαβὼν τὸν μὲν ἄλλον χρόνον ἐγεώργει, ὀλίγῳ δὲ πρὸ τῶν τριάκοντα Ἀντικλῆς παρ' αὐτοῦ πριάμενος ἐξεμίσθωσεν· ἐγὼ δὲ παρ' Ἀντικλέους εἰρήνης οὔσης ὠνοῦμαι. ἡγοῦ-
5 μαι τοίνυν, ὦ βουλή, ἐμὸν ἔργον ἀποδεῖξαι ὡς, ἐπειδὴ τὸ χωρίον ἐκτησάμην, οὔτ' ἐλάα οὔτε σηκὸς ἐνῆν ἐν αὐτῷ. νομίζω γὰρ τοῦ μὲν προτέρου χρόνου, οὐδ' εἰ πάλαι ἐνῆσαν μυρίαι, οὐκ ἂν δικαίως ζημιοῦσθαι· εἰ γὰρ μὴ δι' ἡμᾶς εἰσιν ἠφανισμέναι, οὐδὲν προσήκει περὶ τῶν ἀλλοτρίων ἁμαρτη-
6 μάτων ὡς ἀδικοῦντας κινδυνεύειν. πάντες γὰρ ἐπίστασθε ὅτι ὁ πόλεμος καὶ ἄλλων πολλῶν αἴτιος κακῶν γεγένηται, καὶ τὰ μὲν πόρρω ὑπὸ Λακεδαιμονίων ἐτέμνετο, τὰ δ' ἐγγὺς ὑπὸ τῶν φίλων διηρπάζετο· ὥστε πῶς ἂν δικαίως ὑπὲρ τῶν τότε τῇ πόλει γεγενημένων συμφορῶν ἐγὼ νυνὶ δίκην διδοίην; ἄλλως τε καὶ ὅτι τοῦτο τὸ χωρίον ἐν τῷ πολέμῳ δημευθὲν ἄπρακτον ἦν πλέον ἢ τρία ἔτη.
7 οὐ θαυμαστὸν δ' εἰ τότε τὰς μορίας ἐξέκοπτον, ἐν ᾧ οὐδὲ τὰ ἡμέτερ' αὐτῶν φυλάττειν ἐδυνάμεθα. ἐπίστασθε δέ, ὦ βουλή, ὅσῳ μάλιστα τῶν τοιούτων ἐπιμελεῖσθε, πολλὰ ἐν ἐκείνῳ τῷ χρόνῳ δασέα ὄντα ἰδίαις καὶ μορίαις ἐλάαις, ὧν νῦν τὰ πολλὰ ἐκκέκοπται καὶ ἡ γῆ ψιλὴ γεγένηται· καὶ τῶν αὐτῶν καὶ ἐν τῇ εἰρήνῃ καὶ ἐν τῷ πολέμῳ κεκτημένων οὐκ ἀξιοῦτε παρ' αὐτῶν, ἑτέρων ἐκκοψάντων,

δίκην λαμβάνειν. καίτοι εἰ τοὺς διὰ παντὸς τοῦ 8
χρόνου γεωργοῦντας τῆς αἰτίας ἀφίετε, ἦ που χρὴ
τούς γ᾽ ἐν τῇ εἰρήνῃ πριαμένους ἀφ᾽ ὑμῶν ἀζημί-
ους γενέσθαι.

Ἀλλὰ γάρ, ὦ βουλή, περὶ μὲν τῶν πρότερον 9
γεγενημένων πολλὰ ἔχων εἰπεῖν ἱκανὰ νομίζω τὰ
εἰρημένα· ἐπειδὴ δ᾽ ἐγὼ παρέλαβον τὸ χωρίον,
πρὶν ἡμέρας πέντε γενέσθαι, ἀπεμίσθωσα Καλλι-
στράτῳ, ἐπὶ Πυθοδώρου ἄρχοντος· ὃς δύο ἔτη 10
ἐγεώργησεν, οὔτε ἰδίαν ἐλάαν οὔτε μορίαν οὔτε
σηκὸν παραλαβών. τρίτῳ δὲ ἔτει Δημήτριος οὑτοσὶ
ἠργάσατο· τῷ δὲ τετάρτῳ Ἀλκίᾳ Ἀντισθένους
ἀπελευθέρῳ ἐμίσθωσα, ὃς τέθνηκε· κᾆτα τρία ἔτη
ὁμοίως καὶ Πρωτέας ἐμισθώσατο. Καί μοι δεῦρο
ἴτε μάρτυρες.

ΜΑΡΤΥΡΕΣ.

Ἐπειδὴ τοίνυν ὁ χρόνος οὗτος ἐξήκει, αὐτὸς 11
γεωργῶ. φησὶ δὲ ὁ κατήγορος ἐπὶ Σουνιάδου
ἄρχοντος σηκὸν ὑπ᾽ ἐμοῦ ἐκκεκόφθαι. ὑμῖν δὲ
μεμαρτυρήκασιν οἱ πρότερον ἐργαζόμενοι καὶ
πολλὰ ἔτη παρ᾽ ἐμοῦ μεμισθωμένοι μὴ εἶναι
σηκὸν ἐν τῷ χωρίῳ. καίτοι πῶς ἄν τις φανερώ-
τερον ἐξελέγξειε ψευδόμενον τὸν κατήγορον; οὐ
γὰρ οἷόν τε, ἃ πρότερον μὴ ἦν, ταῦτα τὸν ὕστερον
ἐργαζόμενον ἀφανίζειν.

Ἐγὼ τοίνυν, ὦ βουλή, ἐν μὲν τῷ τέως χρόνῳ, 12
ὅσοι με φάσκοιεν δεινὸν εἶναι καὶ ἀκριβῆ καὶ
οὐδὲν ἂν εἰκῇ καὶ ἀλογίστως ποιῆσαι, ἠγανάκτουν

ἄν, αἱρούμενος μᾶλλον λέγεσθαι ὣς μοι προσῆκε·
νῦν δὲ πάντας ἂν ὑμᾶς βουλοίμην περὶ ἐμοῦ ταύ-
την τὴν γνώμην ἔχειν, ἵνα ἡγῆσθέ με σκοπεῖν ἄν,
εἴπερ τοιούτοις ἔργοις ἐπεχείρουν, καὶ ὅ τι κέρδος
ἐγίγνετό μοι ἀφανίσαντι καὶ ἥτις ζημία περιποιή-
σαντι, καὶ τί ἂν λαθὼν διεπραξάμην καὶ τί ἂν
13 φανερὸς γενόμενος ὑφ᾿ ὑμῶν ἔπασχον. πάντες
γὰρ ἄνθρωποι τὰ τοιαῦτα οὐχ ὕβρεως ἀλλὰ κέρ-
δους ἕνεκα ποιοῦσι· καὶ ὑμᾶς εἰκὸς οὕτω σκοπεῖν,
καὶ τοὺς ἀντιδίκους ἐκ τούτων τὰς κατηγορίας
ποιεῖσθαι, ἀποφαίνοντας ἥτις ὠφέλεια τοῖς ἀδική-
14 σασιν ἐγίγνετο. οὗτος μέντοι οὐκ ἂν ἔχοι ἀπο-
δεῖξαι οὔθ᾿ ὡς ὑπὸ πενίας ἠναγκάσθην τοιούτοις
ἔργοις ἐπιχειρεῖν, οὔθ᾿ ὡς τὸ χωρίον μοι διαφθεί-
ρεται τοῦ σηκοῦ ἐνόντος, οὔθ᾿ ὡς ἀμπέλοις ἐμπο-
δὼν ἦν, οὔθ᾿ ὡς οἰκίας ἐγγύς, οὔθ᾿ ὡς ἐγὼ ἄπειρος
τῶν παρ᾿ ὑμῶν κινδύνων. ἐγὼ δέ, εἴ τι τοιοῦτον
ἔπραττον, πολλὰς ἂν καὶ μεγάλας ἐμαυτῷ ζημίας
15 γενομένας ἀποφήναιμι· ὃς πρῶτον μὲν μεθ᾿ ἡμέ-
ραν ἐξέκοπτον τὸν σηκόν, ὥσπερ οὐ πάντας λαθεῖν
δέον, ἀλλὰ πάντας Ἀθηναίους εἰδέναι. καὶ εἰ μὲν
αἰσχρὸν ἦν μόνον τὸ πρᾶγμα, ἴσως ἄν τις τῶν
παριόντων ἠμέλησε· νῦν δ᾿ οὐ περὶ αἰσχύνης
16 ἀλλὰ τῆς μεγίστης ζημίας ἐκινδύνευον. πῶς δ᾿
οὐκ ἂν ἦν ἀθλιώτατος ἀνθρώπων ἁπάντων, εἰ τοὺς
ἐμαυτοῦ θεράποντας μηκέτι δούλους ἔμελλον ἕξειν
ἀλλὰ δεσπότας τὸν λοιπὸν βίον, τοιοῦτον ἔργον
συνειδότας; ὥστε εἰ καὶ τὰ μέγιστα εἰς ἐμὲ ἐξη-

μάρτανον, οὐκ ἂν οἷός τε ἦν δίκην παρ' αὐτῶν λαμβάνειν· εὖ γὰρ ἂν ᾔδειν ὅτι ἐπ' ἐκείνοις ἦν καὶ ἐμὲ τιμωρήσασθαι καὶ αὐτοῖς μηνύσασιν ἐλευθέροις γενέσθαι. ἔτι τοίνυν εἰ τῶν οἰκετῶν παρέστη μοι μηδὲν φροντίζειν, πῶς ἂν ἐτόλμησα τοσούτων μεμισθωμένων καὶ ἁπάντων συνειδότων ἀφανίσαι τὸν σηκὸν βραχέος μὲν κέρδους ἕνεκα, προθεσμίας δὲ οὐδεμιᾶς οὔσης τῷ κινδύνῳ τοῖς εἰργασμένοις ἅπασι τὸ χωρίον ὁμοίως προσῆκον εἶναι σῶον τὸν σηκόν, ἵν' εἴ τις αὐτοὺς ᾐτιᾶτο, εἶχον ἀνενεγκεῖν ὅτῳ παρέδοσαν. νῦν δὲ καὶ ἐμὲ ἀπολύσαντες φαίνονται, καὶ σφᾶς αὐτούς, εἴπερ ψεύδονται, μετόχους τῆς αἰτίας καθιστάντες. εἰ τοίνυν καὶ ταῦτα παρεσκευασάμην, πῶς ἂν οἷός τ' ἦν πάντας πεῖσαι τοὺς περιοικοῦντας γείτονας, οἳ οὐ μόνον ἀλλήλων ταῦτ' ἴσασιν ἃ πᾶσιν ὁρᾶν ἔξεστιν, ἀλλὰ καὶ περὶ ὧν ἀποκρυπτόμεθα μηδένα εἰδέναι, καὶ περὶ ἐκείνων πυνθάνονται; ἐμοὶ τοίνυν τούτων οἱ μὲν φίλοι οἱ δὲ διάφοροι περὶ τῶν ἐμῶν τυγχάνουσιν ὄντες. οὓς ἐχρῆν τοῦτον παρασχέσθαι μάρτυρας, καὶ μὴ μόνον οὕτως τολμηρὰς κατηγορίας ποιεῖσθαι· ὅς φησιν ὡς ἐγὼ μὲν παρειστήκειν, οἱ δ' οἰκέται ἐξέτεμνον τὰ πρέμνα, ἀναθέμενος δὲ ὁ βοηλάτης ᾤχετο ἀπάγων τὰ ξύλα.

Καίτοι, ὦ Νικόμαχε, χρῆν σε τότε καὶ παρακαλεῖν τοὺς παριόντας μάρτυρας, καὶ φανερὸν ποιεῖν τὸ πρᾶγμα· καὶ ἐμοὶ μὲν οὐδεμίαν ἂν ἀπολογίαν ὑπέλιπες, αὐτὸς δέ, εἰ μέν σοι ἐχθρὸς ἦν, ἐν τούτῳ

τῷ τρόπῳ ἦσθα ἄν με τετιμωρημένος, εἰ δὲ τῆς
πόλεως ἕνεκα ἔπραττες, οὕτως ἐξελέγξας οὐκ ἂν
21 ἐδόκεις εἶναι συκοφάντης, εἰ δὲ κερδαίνειν ἐβούλου,
τότ᾽ ἂν πλεῖστον ἔλαβες· φανεροῦ γὰρ ὄντος τοῦ
πράγματος οὐδεμίαν ἄλλην ἡγούμην ἂν εἶναί μοι
σωτηρίαν ἢ σὲ πεῖσαι. τούτων τοίνυν οὐδὲν ποιή-
σας διὰ τοὺς σοὺς λόγους ἀξιοῖς με ἀπολέσθαι,
καὶ κατηγορεῖς ὡς ὑπὸ τῆς ἐμῆς δυνάμεως καὶ
τῶν ἐμῶν χρημάτων οὐδεὶς ἐθέλει σοι μαρτυρεῖν.
22 καίτοι εἰ ὡς φῄς μ᾽ ἰδὼν τὴν μορίαν ἀφανίζοντα
τοὺς ἐννέα ἄρχοντας ἐπήγαγες ἢ ἄλλους τινὰς
τῶν ἐξ Ἀρείου πάγου, οὐκ ἂν ἑτέρων ἔδει σοι
μαρτύρων· οὗτοι γὰρ ἄν σοι συνῄδεσαν ἀληθῆ
λέγοντι, οἵπερ καὶ διαγιγνώσκειν ἔμελλον περὶ τοῦ
23 πράγματος. δεινότατα οὖν πάσχω· εἰ μὲν γὰρ
παρέσχετο μάρτυρας, τούτοις ἂν ἠξίου πιστεύειν,
ἐπειδὴ δὲ οὐκ εἰσὶν αὐτῷ, ἐμοὶ καὶ ταύτην τὴν
ζημίαν οἴεται χρῆναι γενέσθαι. καὶ τούτου μὲν
οὐ θαυμάζω· οὐ γὰρ δήπου συκοφαντῶν ἅμα τοι-
ούτων γε λόγων ἀπορήσει καὶ μαρτύρων· ὑμᾶς δ᾽
οὐκ ἀξιῶ τὴν αὐτὴν τούτῳ γνώμην ἔχειν.

24 Ἐπίστασθε γὰρ ἐν τῷ πεδίῳ πολλὰς μορίας
οὔσας καὶ πυρκαϊὰς ἐν τοῖς ἄλλοις τοῖς ἐμοῖς
χωρίοις, ἅς, εἴπερ ἐπεθύμουν, πολὺ ἦν ἀσφαλέ-
στερον καὶ ἀφανίσαι καὶ ἐπεργάσασθαι, ὅσῳπερ
ἧττον τὸ ἀδίκημα πολλῶν οὐσῶν ἔμελλε δῆλον
25 ἔσεσθαι. νῦν δ᾽ οὕτως αὐτὰς περὶ πολλοῦ ποι-
οῦμαι ὥσπερ καὶ τὴν πατρίδα καὶ τὴν ἄλλην

οὐσίαν, ἡγούμενος περὶ ἀμφοτέρων τούτων εἶναί μοι τὸν κίνδυνον. αὐτοὺς τοίνυν ὑμᾶς τούτων μάρτυρας παρέχομαι, ἐπιμελουμένους μὲν ἑκάστου μηνός, ἐπιγνώμονας δὲ πέμποντας καθ' ἕκαστον ἐνιαυτόν· ὧν οὐδεὶς πώποτ' ἐζημίωσέ μ' ὡς ἐργαζόμενον τὰ περὶ τὰς μορίας χωρία. καίτοι οὐ δήπου 26 τὰς μὲν μικρὰς ζημίας ῥᾷτω περὶ πολλοῦ ποιοῦμαι, τοὺς δὲ περὶ τοῦ σώματος κινδύνους οὕτω περὶ οὐδενὸς ἡγοῦμαι· καὶ τὰς μὲν πολλὰς ἐλάας, εἰς ἃς ἐξῆν μᾶλλον ἐξαμαρτάνειν, οὕτω θεραπεύων φαίνομαι, τὴν δὲ μίαν μορίαν, ἣν οὐχ οἷόν τ' ἦν λαθεῖν ἐξορύξαντα, ὡς ἀφανίζων νυνὶ κρίνομαι. πότερον δέ μοι κρεῖττον ἦν, ὦ βουλή, δημοκρατίας 27 οὔσης παρανομεῖν ἢ ἐπὶ τῶν τριάκοντα; καὶ οὐ λέγω ὡς τότε δυνάμενος ἢ ὡς νῦν διαβεβλημένος, ἀλλ' ὡς τῷ βουλομένῳ τότε μᾶλλον ἐξῆν ἀδικεῖν ἢ νυνί. ἐγὼ τοίνυν οὐδ' ἐν ἐκείνῳ τῷ χρόνῳ οὔτε τοιοῦτον οὔτε ἄλλο οὐδὲν κακὸν ποιήσας φανήσομαι. πῶς δ' ἄν, εἰ μὴ πάντων ἀνθρώπων ἐμαυτῷ 28 κακονούστατος ἦν, ὑμῶν οὕτως ἐπιμελουμένων ἐκ τούτου τὴν μορίαν ἀφανίζειν ἐπεχείρησα τοῦ χωρίου, ἐν ᾧ δένδρον μὲν οὐδὲ ἕν ἐστι, μιᾶς δὲ ἐλάας σηκός, ὡς οὗτός φησιν εἶναι, κυκλόθεν δὲ ὁδὸς περιέχει, ἀμφοτέρωθεν δὲ γείτονες περιοικοῦσιν, ἄερκτον δὲ καὶ πανταχόθεν κάτοπτόν ἐστιν; ὥστε τίς ἂν ἀπετόλμησε, τούτων οὕτως ἐχόντων, ἐπιχειρῆσαι τοιούτῳ πράγματι; δεινὸν δέ μοι δοκεῖ εἶναι 29 ὑμᾶς μέν, οἷς ὑπὸ τῆς πόλεως τὸν ἅπαντα χρόνον

προστέτακται τῶν μορίων ἐλαῶν ἐπιμελεῖσθαι,
μήθ' ὡς ἐπεργαζόμενον πώποτε ζημιῶσαί με μήθ'
ὡς ἀφανίσαντα εἰς κίνδυνον καταστῆσαι, τοῦτον δ',
ὃς οὔτε γεωργῶν ἐγγὺς τυγχάνει οὔτ' ἐπιμελητὴς
ᾑρημένος οὔθ' ἡλικίαν ἔχων εἰδέναι περὶ τῶν τοι-
ούτων, ἀπογράψαι με μορίαν ἀφανίζειν.

30 Ἐγὼ τοίνυν δέομαι ὑμῶν μὴ τοὺς τοιούτους
λόγους πιστοτέρους ἡγήσασθαι τῶν ἔργων, μηδὲ
περὶ ὧν αὐτοὶ σύνιστε, ταῦτ' ἀνασχέσθαι τῶν
ἐμῶν ἐχθρῶν λεγόντων, ἐνθυμουμένους καὶ ἐκ τῶν
31 εἰρημένων καὶ ἐκ τῆς ἄλλης πολιτείας. ἐγὼ γὰρ
τὰ ἐμοὶ προστεταγμένα ἅπαντα προθυμότερον
πεποίηκα ἢ ὡς ὑπὸ τῆς πόλεως ἠναγκαζόμην, καὶ
τριηραρχῶν καὶ εἰσφορὰς εἰσφέρων καὶ χορηγῶν
καὶ τἆλλα λῃτουργῶν οὐδενὸς ἧττον πολυτελῶς
32 τῶν πολιτῶν. καίτοι ταῦτα μὲν μετρίως ποιῶν
ἀλλὰ μὴ προθύμως οὔτ' ἂν περὶ φυγῆς οὔτ' ἂν
περὶ τῆς ἄλλης οὐσίας ἠγωνιζόμην, πλείω δ' ἂν
ἐκεκτήμην, οὐδὲν ἀδικῶν οὐδ' ἐπικίνδυνον ἐμαυτῷ
καταστήσας τὸν βίον· ταῦτα δὲ πράξας, ἃ οὗτός
μου κατηγορεῖ, ἐκέρδαινον μὲν οὐδέν, ἐμαυτὸν δ'
33 εἰς κίνδυνον καθίστην. καίτοι πάντες ἂν ὁμολο-
γήσαιτε δικαιότερον εἶναι τοῖς μεγάλοις χρῆσθαι
τεκμηρίοις περὶ τῶν μεγάλων, καὶ πιστότερα ἡγεῖ-
σθαι περὶ ὧν ἅπασα ἡ πόλις μαρτυρεῖ, μᾶλλον ἢ
περὶ ὧν μόνος οὗτος κατηγορεῖ.

34 Ἔτι τοίνυν, ὦ βουλή, ἐκ τῶν ἄλλων σκέψασθε.
μάρτυρας γὰρ ἔχων αὐτῷ προσῆλθον, λέγων ὅτι

μοι πάντες εἰσὶν οἱ θεράποντες, οὓς ἐκεκτήμην
ἐπειδὴ παρέλαβον τὸ χωρίον, καὶ ἕτοιμός εἰμι, εἴ
τινα βούλοιτο, παραδοῦναι βασανίζειν, ἡγούμενος
οὕτως ἂν τὸν ἔλεγχον ἰσχυρότερον γενέσθαι τῶν
τούτου λόγων καὶ τῶν ἔργων τῶν ἐμῶν. οὗτος δ᾽ 35
οὐκ ἤθελεν, οὐδὲν φάσκων πιστὸν εἶναι τοῖς θερά-
πουσιν. ἐμοὶ δὲ δοκεῖ δεινὸν εἶναι, εἰ περὶ αὐτῶν
μὲν οἱ βασανιζόμενοι κατηγοροῦσιν, εὖ εἰδότες ὅτι
ἀποθανοῦνται, περὶ δὲ τῶν δεσποτῶν, οἷς πεφύκασι
κακονούστατοι, μᾶλλον ἂν ἕλοιντο ἀνέχεσθαι βα-
σανιζόμενοι ἢ κατειπόντες ἀπηλλάχθαι τῶν παρόν-
των κακῶν. καὶ μὲν δή, ὦ βουλή, φανερὸν οἶμαι 36
εἶναι ὅτι, εἰ Νικομάχου ἐξαιτοῦντος τοὺς ἀνθρώ-
πους μὴ παρεδίδουν, ἐδόκουν ἂν ἐμαυτῷ ξυνειδέναι·
ἐπειδὴ τοίνυν ἐμοῦ παραδιδόντος οὗτος παραλαβεῖν
οὐκ ἤθελε, δίκαιον καὶ περὶ τούτου τὴν αὐτὴν γνώ-
μην σχεῖν, ἄλλως τε καὶ τοῦ κινδύνου οὐκ ἴσου
ἀμφοτέροις ὄντος. περὶ ἐμοῦ μὲν γὰρ εἰ ἔλεγον ἃ 37
οὗτος ἐβούλετο, οὐδ᾽ ἂν ἀπολογήσασθαί μοι ἐξε-
γένετο· τούτῳ δ᾽ εἰ μὴ ὡμολόγουν, οὐδεμιᾷ ζημίᾳ
ἔνοχος ἦν. ὥστε πολὺ μᾶλλον τοῦτον παραλαμ-
βάνειν ἐχρῆν ἢ ἐμὲ παραδοῦναι προσῆκεν. ἐγὼ
τοίνυν εἰς τοῦτο προθυμίας ἀφικόμην, ἡγούμενος
μετ᾽ ἐμοῦ εἶναι καὶ ἐκ βασάνων καὶ ἐκ μαρτύρων
καὶ ἐκ τεκμηρίων ὑμᾶς περὶ τοῦ πράγματος τἀ-
ληθῆ πυθέσθαι. ἐνθυμεῖσθαι δὲ χρή, ὦ βουλή, 38
ποτέροις χρὴ πιστεύειν μᾶλλον, οἷς πολλοὶ μεμαρ-
τυρήκασιν ἢ ᾧ μηδεὶς τετόλμηκε, καὶ πότερον

εἰκὸς μᾶλλον τοῦτον ἀκινδύνως ψεύδεσθαι ἢ μετὰ
τοσούτου κινδύνου τοιοῦτον ἐμὲ ἔργον ἐργάσασθαι,
καὶ πότερον οἴεσθε αὐτὸν ὑπὲρ τῆς πόλεως βοηθεῖν
39 ἢ συκοφαντοῦντα αἰτιάσασθαι; ἐγὼ μὲν εἰδέναι
ὑμᾶς ἡγοῦμαι ὅτι Νικόμαχος ὑπὸ τῶν ἐχθρῶν
πεισθεὶς τῶν ἐμῶν τοῦτον τὸν ἀγῶνα ἀγωνίζεται,
οὐχ ὡς ἀδικοῦντα ἐλπίζων ἀποδείξειν, ἀλλ' ὡς
ἀργύριον παρ' ἐμοῦ λήψεσθαι προσδοκῶν. ὅσῳ
γὰρ οἱ τοιοῦτοί εἰσιν ἐπαιτιώτατοι καὶ ἀπορώτατοι
τῶν κινδύνων, τοσούτῳ πάντες αὐτοὺς φεύγουσι
40 μάλιστα. ἐγὼ δέ, ὦ βουλή, οὐκ ἠξίουν, ἀλλ'
ἐπειδήπερ με ᾐτιάσατο, παρέσχον ἐμαυτὸν ὅ τι
βούλεσθε χρῆσθαι, καὶ τούτου ἕνεκα τοῦ κινδύνου
οὐδενὶ ἐγὼ τῶν ἐχθρῶν διηλλάγην, οἳ ἐμὲ ἥδιον
κακῶς λέγουσιν ἢ σφᾶς αὐτοὺς ἐπαινοῦσι, καὶ
φανερῶς μὲν οὐδεὶς πώποτε ἐμὲ αὐτῶν ἐπεχείρησε
ποιῆσαι κακὸν οὐδέν, τοιούτους δὲ ἐπιπέμπουσί
41 μοι, οἷς ὑμεῖς οὐκ ἂν δικαίως πιστεύοιτε. πάντων
γὰρ ἀθλιώτατος ἂν γενοίμην, εἰ φυγὰς ἀδίκως
καταστήσομαι, ἄπαις μὲν ὢν καὶ μόνος, ἐρήμου
δὲ τοῦ οἴκου γενομένου, μητρὸς δὲ πάντων ἐνδεοῦς,
πατρίδος δὲ τοιαύτης ἐπ' αἰσχίσταις στερηθεὶς
αἰτίαις, πολλὰς μὲν ναυμαχίας ὑπὲρ αὐτῆς νεναυ-
μαχηκώς, πολλὰς δὲ μάχας μεμαχημένος, κόσμιον
δ' ἐμαυτὸν καὶ ἐν δημοκρατίᾳ καὶ ἐν ὀλιγαρχίᾳ
παρασχών.
42 Ἀλλὰ γὰρ, ὦ βουλή, ταῦτα μὲν ἐνθάδε οὐκ οἶδ'
ὅ τι δεῖ λέγειν· ἀπέδειξα δ' ὑμῖν ὡς οὐκ ἐνῆν

σηκὸς ἐν τῷ χωρίῳ, καὶ μάρτυρας παρεσχόμην καὶ τεκμήρια. ἃ χρὴ μεμνημένους διαγιγνώσκειν περὶ τοῦ πράγματος, καὶ ἀξιοῦν παρὰ τούτου πυθέσθαι ὅτου ἕνεκα, ἐξὸν ἐπ᾽ αὐτοφώρῳ ἐλέγξαι, τοσούτῳ χρόνῳ ὕστερον εἰς τοσοῦτόν με κατέστησεν ἀγῶνα, καὶ μάρτυρα οὐδένα παρασχόμενος ἐκ τῶν λόγων ζητεῖ πιστὸς γενέσθαι, ἐξὸν αὐτοῖς τοῖς ἔργοις ἀδικοῦντα ἀποδεῖξαι, καὶ ἐμοῦ ἅπαντας παραδιδόντος τοὺς θεράποντας, οὕς φησι παραγενέσθαι, παραλαβεῖν οὐκ ἤθελεν.

XII.

ΚΑΤ' ΕΡΑΤΟΣΘΕΝΟΥΣ

ΤΟΥ ΓΕΝΟΜΕΝΟΥ ΤΩΝ ΤΡΙΑΚΟΝΤΑ, ΟΝ ΑΥΤΟΣ ΕΙΠΕ ΛΥΣΙΑΣ.

Οὐκ ἄρξασθαί μοι δοκεῖ ἄπορον εἶναι, ὦ ἄνδρες δικασταί, τῆς κατηγορίας, ἀλλὰ παύσασθαι λέγοντι· τοιαῦτα αὐτοῖς τὸ μέγεθος καὶ τοσαῦτα τὸ πλῆθος εἴργασται, ὥστε μήτ' ἂν ψευδόμενον δεινότερα τῶν ὑπαρχόντων κατηγορῆσαι, μήτε τἀληθῆ βουλόμενον εἰπεῖν ἅπαντα δύνασθαι, ἀλλ' ἀνάγκη ἢ τὸν κατήγορον ἀπειπεῖν ἢ τὸν χρόνον ἐπιλιπεῖν.
2 τοὐναντίον δέ μοι δοκοῦμεν πείσεσθαι ἢ ἐν τῷ πρὸ τοῦ χρόνῳ. πρότερον μὲν γὰρ ἔδει τὴν ἔχθραν τοὺς κατηγοροῦντας ἐπιδεῖξαι, ἥτις εἴη πρὸς τοὺς φεύγοντας· νυνὶ δὲ παρὰ τῶν φευγόντων χρὴ πυνθάνεσθαι ἥτις ἦν αὐτοῖς πρὸς τὴν πόλιν ἔχθρα, ἀνθ' ὅτου τοιαῦτα ἐτόλμησαν εἰς αὐτὴν ἐξαμαρτάνειν. οὐ μέντοι ὡς οὐκ ἔχων οἰκείας ἔχθρας καὶ συμφορὰς τοὺς λόγους ποιοῦμαι, ἀλλ' ὡς ἅπασι πολλῆς ἀφθονίας οὔσης ὑπὲρ τῶν ἰδίων ἢ ὑπὲρ
3 τῶν δημοσίων ὀργίζεσθαι. ἐγὼ μὲν οὖν, ὦ ἄνδρες δικασταί, οὔτ' ἐμαυτοῦ πώποτε οὔτε ἀλλότρια πράγματα πράξας νῦν ἠνάγκασμαι ὑπὸ τῶν γεγενημένων τούτου κατηγορεῖν, ὥστε πολλάκις εἰς

πολλὴν ἀθυμίαν κατέστην, μὴ διὰ τὴν ἀπειρίαν ἀναξίως καὶ ἀδυνάτως ὑπὲρ τοῦ ἀδελφοῦ καὶ ἐμαυτοῦ τὴν κατηγορίαν ποιήσομαι· ὅμως δὲ πειράσομαι ὑμᾶς ἐξ ἀρχῆς ὡς ἂν δύνωμαι δι' ἐλαχίστων διδάξαι.

Οὑμὸς πατὴρ Κέφαλος ἐπείσθη μὲν ὑπὸ Περικλέους εἰς ταύτην τὴν γῆν ἀφικέσθαι, ἔτη δὲ τριάκοντα ᾤκησε, καὶ οὐδενὶ πώποτε οὔτε ἡμεῖς οὔτε ἐκεῖνος δίκην οὔτε ἐδικασάμεθα οὔτε ἐφύγομεν, ἀλλ' οὕτως ᾠκοῦμεν δημοκρατούμενοι ὥστε μήτε εἰς τοὺς ἄλλους ἐξαμαρτάνειν μήτε ὑπὸ τῶν ἄλλων ἀδικεῖσθαι. ἐπειδὴ δ' οἱ τριάκοντα πονηροὶ καὶ συκοφάνται ὄντες εἰς τὴν ἀρχὴν κατέστησαν, φάσκοντες χρῆναι τῶν ἀδίκων καθαρὰν ποιῆσαι τὴν πόλιν καὶ τοὺς λοιποὺς πολίτας ἐπ' ἀρετὴν καὶ δικαιοσύνην προτρέψαι, τοιαῦτα λέγοντες οὐ τοιαῦτα ποιεῖν ἐτόλμων, ὡς ἐγὼ περὶ τῶν ἐμαυτοῦ πρῶτον εἰπὼν καὶ περὶ τῶν ὑμετέρων ἀναμνῆσαι πειράσομαι. Θέογνις γὰρ καὶ Πείσων ἔλεγον ἐν τοῖς τριάκοντα περὶ τῶν μετοίκων, ὡς εἶέν τινες τῇ πολιτείᾳ ἀχθόμενοι· καλλίστην οὖν εἶναι πρόφασιν τιμωρεῖσθαι μὲν δοκεῖν, τῷ δ' ἔργῳ χρηματίζεσθαι· πάντως δὲ τὴν μὲν πόλιν πένεσθαι, τὴν δ' ἀρχὴν δεῖσθαι χρημάτων. καὶ τοὺς ἀκούοντας οὐ χαλεπῶς ἔπειθον· ἀποκτιννύναι μὲν γὰρ ἀνθρώπους περὶ οὐδενὸς ἡγοῦντο, λαμβάνειν δὲ χρήματα περὶ πολλοῦ ἐποιοῦντο. ἔδοξεν οὖν αὐτοῖς δέκα συλλαβεῖν, τούτων δὲ δύο πένητας, ἵνα αὐτοῖς ᾖ

πρὸς τοὺς ἄλλους ἀπολογία, ὡς οὐ χρημάτων
ἕνεκα ταῦτα πέπρακται, ἀλλὰ συμφέροντα τῇ πολι-
τείᾳ γεγένηται, ὥσπερ τι τῶν ἄλλων εὐλόγως πε-
ποιηκότες. διαλαβόντες δὲ τὰς οἰκίας ἐβάδιζον·
8 καὶ ἐμὲ μὲν ξένους ἑστιῶντα κατέλαβον, οὓς ἐξελά-
σαντες Πείσωνί με παραδιδόασιν· οἱ δὲ ἄλλοι εἰς
τὸ ἐργαστήριον ἐλθόντες τὰ ἀνδράποδα ἀπεγρά-
φοντο. ἐγὼ δὲ Πείσωνα μὲν ἠρώτων εἰ βούλοιτό
9 με σῶσαι χρήματα λαβών· ὁ δ᾽ ἔφασκεν, εἰ πολλὰ
εἴη. εἶπον οὖν ὅτι τάλαντον ἀργυρίου ἕτοιμος
εἴην δοῦναι· ὁ δ᾽ ὡμολόγησε ταῦτα ποιήσειν.
ἠπιστάμην μὲν οὖν ὅτι οὔτε θεοὺς οὔτ᾽ ἀνθρώπους
νομίζει, ὅμως δ᾽ ἐκ τῶν παρόντων ἐδόκει μοι ἀναγ-
10 καιότατον εἶναι πίστιν παρ᾽ αὐτοῦ λαβεῖν. ἐπειδὴ
δὲ ὤμοσεν ἐξώλειαν ἑαυτῷ καὶ τοῖς παισὶν ἐπαρώ-
μενος, λαβὼν τὸ τάλαντόν με σώσειν, εἰσελθὼν εἰς
τὸ δωμάτιον τὴν κιβωτὸν ἀνοίγνυμι· Πείσων δ᾽
αἰσθόμενος εἰσέρχεται, καὶ ἰδὼν τὰ ἐνόντα καλεῖ
τῶν ὑπηρετῶν δύο, καὶ τὰ ἐν τῇ κιβωτῷ λαβεῖν
11 ἐκέλευσεν. ἐπειδὴ δὲ οὐχ ὅσον ὡμολόγησα εἶχεν,
ὦ ἄνδρες δικασταί, ἀλλὰ τρία τάλαντα ἀργυρίου
καὶ τετρακοσίους κυζικηνοὺς καὶ ἑκατὸν δαρεικοὺς
καὶ φιάλας ἀργυρᾶς τέτταρας, ἐδεόμην αὐτοῦ ἐφό-
διά μοι δοῦναι, ὁ δ᾽ ἀγαπήσειν με ἔφασκεν, εἰ τὸ
12 σῶμα σώσω. ἐξιοῦσι δ᾽ ἐμοὶ καὶ Πείσωνι ἐπι-
τυγχάνει Μηλόβιός τε καὶ Μνησιθείδης ἐκ τοῦ
ἐργαστηρίου ἀπιόντες, καὶ καταλαμβάνουσι πρὸς
αὐταῖς ταῖς θύραις, καὶ ἐρωτῶσιν ὅποι βαδίζοιμεν·

ὃ δ' ἔφασκεν εἰς τἀδελφοῦ τοῦ ἐμοῦ, ἵνα καὶ τὰ ἐν ἐκείνῃ τῇ οἰκίᾳ σκέψηται. ἐκεῖνον μὲν οὖν ἐκέλευον βαδίζειν, ἐμὲ δὲ μεθ' αὑτῶν ἀκολουθεῖν εἰς Δαμνίππου. Πείσων δὲ προσελθὼν σιγᾶν 13 μοι παρεκελεύετο καὶ θαρρεῖν, ὡς ἥξων ἐκεῖσε. καταλαμβάνομεν δὲ αὐτόθι Θέογνιν ἑτέρους φυλάττοντα· ᾧ παραδόντες ἐμὲ πάλιν ᾤχοντο. ἐν τοιούτῳ δ' ὄντι μοι κινδυνεύειν ἐδόκει, ὡς τοῦ γε ἀποθανεῖν ὑπάρχοντος ἤδη. καλέσας δὲ Δάμνιπ- 14 πον λέγω πρὸς αὐτὸν τάδε, "ἐπιτήδειος μέν μοι τυγχάνεις ὤν, ἥκω δ' εἰς τὴν σὴν οἰκίαν, ἀδικῶ δ' οὐδέν, χρημάτων δ' ἕνεκα ἀπόλλυμαι. σὺ οὖν ταῦτα πάσχοντί μοι πρόθυμον παράσχου τὴν σεαυτοῦ δύναμιν εἰς τὴν ἐμὴν σωτηρίαν." ὃ δ' ὑπέσχετο ταῦτα ποιήσειν. ἐδόκει δ' αὐτῷ βέλτιον εἶναι πρὸς Θέογνιν μνησθῆναι· ἡγεῖτο γὰρ ἅπαν ποιήσειν αὐτόν, εἴ τις ἀργύριον διδοίη. ἐκείνου 15 δὲ διαλεγομένου Θεόγνιδι (ἔμπειρος γὰρ ὢν ἐτύγχανον τῆς οἰκίας, καὶ ᾔδειν ὅτι ἀμφίθυρος εἴη) ἐδόκει μοι ταύτῃ πειρᾶσθαι σωθῆναι, ἐνθυμουμένῳ ὅτι, ἐὰν μὲν λάθω, σωθήσομαι, ἐὰν δὲ ληφθῶ, ἡγούμην μέν, εἰ Θέογνις εἴη πεπεισμένος ὑπὸ τοῦ Δαμνίππου χρήματα λαβεῖν, οὐδὲν ἧττον ἀφεθήσεσθαι, εἰ δὲ μή, ὁμοίως ἀποθανεῖσθαι. ταῦτα 16 διανοηθεὶς ἔφευγον, ἐκείνων ἐπὶ τῇ αὐλείῳ θύρᾳ τὴν φυλακὴν ποιουμένων· τριῶν δὲ θυρῶν οὐσῶν, ἃς ἔδει με διελθεῖν, ἅπασαι ἀνεῳγμέναι ἔτυχον. ἀφικόμενος δὲ εἰς Ἀρχένεω τοῦ ναυκλήρου ἐκεῖνον

πέμπω εἰς ἄστυ, πευσόμενον περὶ τοῦ ἀδελφοῦ·
ἥκων δὲ ἔλεγεν ὅτι Ἐρατοσθένης αὐτὸν ἐν τῇ ὁδῷ
λαβὼν εἰς τὸ δεσμωτήριον ἀπαγάγοι. καὶ ἐγὼ
τοιαῦτα πεπυσμένος τῆς ἐπιούσης νυκτὸς διέ-
πλευσα Μέγαράδε. Πολεμάρχῳ δὲ παρήγγειλαν
οἱ τριάκοντα τὸ ἐπ' ἐκείνων εἰθισμένον παράγ-
γελμα, πίνειν κώνειον, πρὶν τὴν αἰτίαν εἰπεῖν δι'
ἥντινα ἔμελλεν ἀποθανεῖσθαι· οὕτω πολλοῦ ἐδέ-
ησε κριθῆναι καὶ ἀπολογήσασθαι. καὶ ἐπειδὴ
ἀπεφέρετο ἐκ τοῦ δεσμωτηρίου τεθνεώς, τριῶν ἡμῖν
οἰκιῶν οὐσῶν οὐδεμιᾶς εἴασαν ἐξενεχθῆναι, ἀλλὰ
κλείσιον μισθωσάμενοι προὔθεντο αὐτόν. καὶ
πολλῶν ὄντων ἱματίων αἰτοῦσιν οὐδὲν ἔδοσαν εἰς
τὴν ταφήν, ἀλλὰ τῶν φίλων ὃ μὲν ἱμάτιον ὃ δὲ
προσκεφάλαιον ὃ δὲ ὅ τι ἕκαστος ἔτυχεν ἔδωκεν
εἰς τὴν ἐκείνου ταφήν. καὶ ἔχοντες μὲν ἑπτακο-
σίας ἀσπίδας τῶν ἡμετέρων, ἔχοντες δὲ ἀργύριον
καὶ χρυσίον τοσοῦτον, χαλκὸν δὲ καὶ κόσμον καὶ
ἔπιπλα καὶ ἱμάτια γυναικεῖα ὅσα οὐδεπώποτε
ᾤοντο κτήσεσθαι, καὶ ἀνδράποδα εἴκοσι καὶ ἑκα-
τόν, ὧν τὰ μὲν βέλτιστα ἔλαβον, τὰ δὲ λοιπὰ εἰς
τὸ δημόσιον ἀπέδοσαν, εἰς τοσαύτην ἀπληστίαν
καὶ αἰσχροκέρδειαν ἀφίκοντο καὶ τοῦ τρόπου τοῦ
αὑτῶν ἀπόδειξιν ἐποιήσαντο· τῆς γὰρ Πολεμάρ-
χου γυναικὸς χρυσοῦς ἑλικτῆρας, οὓς ἔχουσα
ἐτύγχανεν, ὅτε πρῶτον ἦλθεν εἰς τὴν οἰκίαν Μηλό-
βιος, ἐκ τῶν ὤτων ἐξείλετο. καὶ οὐδὲ κατὰ τὸ
ἐλάχιστον μέρος τῆς οὐσίας ἐλέου παρ' αὐτῶν

ἐτυγχάνομεν. ἀλλ' οὕτως εἰς ἡμᾶς διὰ τὰ χρήματα ἐξημάρτανον, ὥσπερ οὐδ' ἂν ἕτεροι μεγάλων ἀδικημάτων ὀργὴν ἔχοντες, οὐ τούτων ἀξίους γε ὄντας τῇ πόλει, ἀλλὰ πάσας μὲν τὰς χορηγίας χορηγήσαντας, πολλὰς δ' εἰσφορὰς εἰσενεγκόντας, κοσμίους δ' ἡμᾶς αὐτοὺς παρέχοντας καὶ πᾶν τὸ προσταττόμενον ποιοῦντας, ἐχθρὸν δ' οὐδένα κεκτημένους, πολλοὺς δ' Ἀθηναίων ἐκ τῶν πολεμίων λυσαμένους τοιούτων ἠξίωσαν, οὐχ ὁμοίως μετοικοῦντας ὥσπερ αὐτοὶ ἐπολιτεύοντο. οὗτοι γὰρ 21 πολλοὺς μὲν τῶν πολιτῶν εἰς τοὺς πολεμίους ἐξήλασαν, πολλοὺς δ' ἀδίκως ἀποκτείναντες ἀτάφους ἐποίησαν, πολλοὺς δ' ἐπιτίμους ὄντας ἀτίμους κατέστησαν, πολλῶν δὲ θυγατέρας μελλούσας ἐκδίδοσθαι ἐκώλυσαν. καὶ εἰς τοσοῦτόν εἰσι τόλ- 22 μης ἀφιγμένοι ὥσθ' ἥκουσιν ἀπολογησόμενοι, καὶ λέγουσιν ὡς οὐδὲν κακὸν οὐδ' αἰσχρὸν εἰργασμένοι εἰσίν. ἐγὼ δ' ἐβουλόμην ἂν αὐτοὺς ἀληθῆ λέγειν· μετῆν γὰρ ἂν καὶ ἐμοὶ τούτου τἀγαθοῦ οὐκ ἐλάχιστον μέρος. νῦν δὲ οὔτε πρὸς τὴν πόλιν 23 αὐτοῖς τοιαῦτα ὑπάρχει οὔτε πρὸς ἐμέ· τὸν ἀδελφὸν γάρ μου, ὥσπερ καὶ πρότερον εἶπον, Ἐρατοσθένης ἀπέκτεινεν, οὔτε αὐτὸς ἰδίᾳ ἀδικούμενος οὔτε εἰς τὴν πόλιν ὁρῶν ἐξαμαρτάνοντα, ἀλλὰ τῇ ἑαυτοῦ παρανομίᾳ προθύμως ἐξυπηρετῶν. ἀναβι- 24 βασάμενος δ' αὐτὸν βούλομαι ἐρέσθαι, ὦ ἄνδρες δικασταί. τοιαύτην γὰρ γνώμην ἔχω· ἐπὶ μὲν τῇ τούτου ὠφελείᾳ καὶ πρὸς ἕτερον περὶ τούτου δια-

λέγεσθαι ἀσεβὲς εἶναι νομίζω, ἐπὶ δὲ τῇ τούτου
βλάβῃ καὶ πρὸς αὐτὸν τοῦτον ὅσιον καὶ εὐσεβές.
ἀνάβηθι οὖν μοι καὶ ἀπόκριναι, ὅ τι ἄν σε ἐρωτῶ.
25 Ἀπήγαγες Πολέμαρχον ἢ οὔ; Τὰ ὑπὸ τῶν
ἀρχόντων προσταχθέντα δεδιὼς ἐποίουν. Ἦσθα
δ᾽ ἐν τῷ βουλευτηρίῳ, ὅτε οἱ λόγοι ἐγίγνοντο περὶ
ἡμῶν; Ἦν. Πότερον συνηγόρευες τοῖς κελεύου-
σιν ἀποκτεῖναι ἢ ἀντέλεγες; Ἀντέλεγον ἵνα μὴ
ἀποθάνητε. Ἡγούμενος ἡμᾶς ἄδικα πάσχειν ἢ
δίκαια; Ἄδικα.

26 Εἶτ᾽, ὦ σχετλιώτατε πάντων, ἀντέλεγες μὲν ἵνα
σώσειας, συνελάμβανες δὲ ἵνα ἀποκτείνειας; καὶ
ὅτε μὲν τὸ πλῆθος ἦν ὑμῶν κύριον τῆς σωτηρίας
τῆς ἡμετέρας, ἀντιλέγειν φῂς τοῖς βουλομένοις
ἡμᾶς ἀπολέσαι, ἐπειδὴ δὲ ἐπὶ σοὶ μόνῳ ἐγένετο
καὶ σῶσαι Πολέμαρχον καὶ μή, εἰς τὸ δεσμωτή-
ριον ἀπήγαγες; εἶθ᾽ ὅτι μέν, ὡς φῄς, ἀντειπὼν
οὐδὲν ὠφέλησας, ἀξιοῖς χρηστὸς νομίζεσθαι, ὅτι
δὲ συλλαβὼν ἀπέκτεινας, οὐκ οἴει χρῆναι ἐμοὶ καὶ
τουτοισὶ δοῦναι δίκην;

27 Καὶ μὴν οὐδὲ τοῦτο εἰκὸς αὐτῷ πιστεύειν, εἴπερ
ἀληθῆ λέγει φάσκων ἀντειπεῖν, ὡς αὐτῷ προσε-
τάχθη. οὐ γὰρ δήπου ἐν τοῖς μετοίκοις πίστιν
παρ᾽ αὐτοῦ ἐλάμβανον. ἔπειτα τῷ ἧττον εἰκὸς ἦν
προσταχθῆναι ἢ ὅστις ἀντειπών γε ἐτύγχανε καὶ
γνώμην ἀποδεδειγμένος; τίνα γὰρ εἰκὸς ἦν ἧττον
ταῦτα ὑπηρετῆσαι ἢ τὸν ἀντειπόντα οἷς ἐκεῖνοι
28 ἐβούλοντο πραχθῆναι; Ἔτι δὲ τοῖς μὲν ἄλλοις

Ἀθηναίοις ἱκανή μοι δοκεῖ πρόφασις εἶναι τῶν γεγενημένων εἰς τοὺς τριάκοντα ἀναφέρειν τὴν αἰτίαν· αὐτοὺς δὲ τοὺς τριάκοντα, ἐὰν εἰς σφᾶς αὐτοὺς ἀναφέρωσι, πῶς ὑμᾶς εἰκὸς ἀποδέχεσθαι; εἰ μὲν γάρ τις ἦν ἐν τῇ πόλει ἀρχὴ ἰσχυροτέρα αὐτῆς, ὑφ᾽ ἧς αὐτῷ προσετάττετο παρὰ τὸ δίκαιον ἀνθρώπους ἀπολλύναι, ἴσως ἂν εἰκότως αὐτῷ συγγνώμην εἴχετε· νῦν δὲ παρὰ τοῦ ποτε καὶ λήψεσθε δίκην, εἴπερ ἐξέσται τοῖς τριάκοντα λέγειν ὅτι τὰ ὑπὸ τῶν τριάκοντα προσταχθέντα ἐποίουν; Καὶ μὲν δὴ οὐκ ἐν τῇ οἰκίᾳ ἀλλ᾽ ἐν τῇ ὁδῷ σῴζειν τε αὐτὸν καὶ τὰ τούτοις ἐψηφισμένα παρόν, συλλαβὼν ἀπήγαγεν. ὑμεῖς δὲ πᾶσιν ὀργίζεσθε, ὅσοι εἰς τὰς οἰκίας ἦλθον τὰς ὑμετέρας ζήτησιν ποιούμενοι ἢ ὑμῶν ἢ τῶν ὑμετέρων τινός. καίτοι εἰ χρὴ τοῖς διὰ τὴν ἑαυτῶν σωτηρίαν ἑτέρους ἀπολέσασι συγγνώμην ἔχειν, ἐκείνοις ἂν δικαιότερον ἔχοιτε· κίνδυνος γὰρ ἦν πεμφθεῖσι μὴ ἐλθεῖν καὶ καταλαβοῦσιν ἐξάρνοις γενέσθαι. τῷ δὲ Ἐρατοσθένει ἐξῆν εἰπεῖν ὅτι οὐκ ἀπήντησεν, ἔπειτα ὅτι οὐκ εἶδεν· ταῦτα γὰρ οὔτ᾽ ἔλεγχον οὔτε βάσανον εἶχεν, ὥστε μηδ᾽ ὑπὸ τῶν ἐχθρῶν βουλομένων οἷόν τ᾽ εἶναι ἐξελεγχθῆναι. χρῆν δέ σε, ὦ Ἐρατόσθενες, εἴπερ ἦσθα χρηστός, πολὺ μᾶλλον τοῖς μέλλουσιν ἀδίκως ἀποθανεῖσθαι μηνυτὴν γενέσθαι ἢ τοὺς ἀδίκως ἀπολουμένους συλλαμβάνειν. νῦν δέ σου τὰ ἔργα φανερὰ γεγένηται οὐχ ὡς ἀνιωμένου ἀλλ᾽ ὡς ἡδομένου τοῖς γιγνομένοις, ὥστε

τούσδε ἐκ τῶν ἔργων χρὴ μᾶλλον ἢ ἐκ τῶν λόγων τὴν ψῆφον φέρειν, ἃ ἴσασι γεγενημένα τῶν τότε λεγομένων τεκμήρια λαμβάνοντας, ἐπειδὴ μάρτυρας περὶ αὐτῶν οὐχ οἷόν τε παρασχέσθαι. οὐ γὰρ μόνον ἡμῖν παρεῖναι οὐκ ἐξῆν, ἀλλ᾽ οὐδὲ παρ᾽ αὐτοῖς εἶναι, ὥστ᾽ ἐπὶ τούτοις ἐστὶ πάντα τὰ κακὰ εἰργασμένοις τὴν πόλιν πάντα τἀγαθὰ περὶ αὐτῶν 34 λέγειν. τοῦτο μέντοι οὐ φεύγω, ἀλλ᾽ ὁμολογῶ σοι, εἰ βούλει, ἀντειπεῖν. θαυμάζω δὲ τί ἄν ποτε ἐποίησας συνειπών, ὁπότε ἀντειπεῖν φάσκων ἀπέκτεινας Πολέμαρχον. φέρε δή, τί ἂν εἰ καὶ ἀδελφοὶ ὄντες ἐτυγχάνετε αὐτοῦ ἢ καὶ ὑεῖς; ἀπεψηφίζεσθε; δεῖ γάρ, ὦ ἄνδρες δικασταί, Ἐρατοσθένην δυοῖν θάτερον ἀποδεῖξαι, ἢ ὡς οὐκ ἀπήγαγεν αὐτόν, ἢ ὡς δικαίως τοῦτ᾽ ἔπραξεν. οὗτος δὲ ὡμολόγηκεν ἀδίκως συλλαβεῖν, ὥστε ῥᾳδίαν ὑμῖν τὴν διαψή-
35 φισιν περὶ αὐτοῦ πεποίηκε. Καὶ μὲν δὴ πολλοὶ καὶ τῶν ἀστῶν καὶ τῶν ξένων ἥκουσιν εἰσόμενοι τίνα γνώμην περὶ τούτων ἕξετε. ὧν οἱ μὲν ὑμέτεροι ὄντες πολῖται μαθόντες ἀπίασιν ὅτι ἢ δίκην δώσουσιν ὧν ἂν ἐξαμάρτωσιν, ἢ πράξαντες μὲν ὧν ἐφίενται τύραννοι τῆς πόλεως ἔσονται, δυστυχήσαντες δὲ τὸ ἴσον ὑμῖν ἕξουσιν· ὅσοι δὲ ξένοι ἐπιδημοῦσιν, εἴσονται πότερον ἀδίκως τοὺς τριάκοντα ἐκκηρύττουσιν ἐκ τῶν πόλεων ἢ δικαίως. εἰ γὰρ δὴ αὐτοὶ οἱ κακῶς πεπονθότες λαβόντες ἀφήσουσιν, ἦ που σφᾶς γ᾽ αὐτοὺς ἡγήσονται
36 περιέργους ὑπὲρ ὑμῶν τιμωρουμένους. οὐκ οὖν

δεινὸν εἰ τοὺς μὲν στρατηγούς, οἳ ἐνίκων ναυμαχοῦντες, ὅτε διὰ χειμῶνα οὐχ οἷοί τ' ἔφασαν εἶναι τοὺς ἐκ τῆς θαλάττης ἀνελέσθαι, θανάτῳ ἐζημιώσατε, ἡγούμενοι χρῆναι τῇ τῶν τεθνεώτων ἀρετῇ παρ' ἐκείνων δίκην λαβεῖν, τούτους δέ, οἳ ἰδιῶται μὲν ὄντες καθ' ὅσον ἐδύναντο ἐποίησαν ἡττηθῆναι ναυμαχοῦντες, ἐπειδὴ δὲ εἰς τὴν ἀρχὴν κατέστησαν, ὁμολογοῦσιν ἑκόντες πολλοὺς τῶν πολιτῶν ἀκρίτους ἀποκτιννύναι, οὐκ ἄρα χρὴ αὐτοὺς καὶ τοὺς παῖδας ὑφ' ὑμῶν ταῖς ἐσχάταις ζημίαις κολάζεσθαι;

Ἐγὼ τοίνυν, ὦ ἄνδρες δικασταί, ἠξίουν ἱκανὰ εἶναι τὰ κατηγορημένα· μέχρι γὰρ τούτου νομίζω χρῆναι κατηγορεῖν ἕως ἂν θανάτου δόξῃ τῷ φεύγοντι ἄξια εἰργάσθαι· ταύτην γὰρ ἐσχάτην δίκην δυνάμεθα παρ' αὐτῶν λαβεῖν. ὥστ' οὐκ οἶδ' ὅ τι δεῖ πολλὰ κατηγορεῖν τοιούτων ἀνδρῶν, οἳ οὐδ' ὑπὲρ ἑνὸς ἑκάστου τῶν πεπραγμένων δὶς ἀποθανόντες δίκην δοῦναι δύναιντ' ἂν ἀξίαν. οὐ γὰρ δὴ οὐδὲ τοῦτο αὐτῷ προσήκει ποιῆσαι, ὅπερ ἐν τῇδε τῇ πόλει εἰθισμένον ἐστί, πρὸς μὲν τὰ κατηγορημένα μηδὲν ἀπολογεῖσθαι, περὶ δὲ σφῶν αὐτῶν ἕτερα λέγοντες ἐνίοτε ἐξαπατῶσιν ὑμᾶς, ἀποδεικνύντες ὡς στρατιῶται ἀγαθοί εἰσιν, ἢ ὡς πολλὰς τῶν πολεμίων ναῦς ἔλαβον τριηραρχήσαντες, ἢ πόλεις πολεμίας οὔσας φίλας ἐποίησαν· ἐπεὶ κελεύετε αὐτὸν ἀποδεῖξαι ὅπου τοσούτους τῶν πολεμίων ἀπέκτειναν ὅσους τῶν πολιτῶν, ἢ ναῦς ὅπου

τοσαύτας ἔλαβον ὅσας αὐτοὶ παρέδοσαν, ἢ πόλιν
ἥντινα τοιαύτην προσεκτήσαντο οἵαν τὴν ὑμετέραν
40 κατεδουλώσαντο. ἀλλὰ γὰρ ὅπλα τῶν πολεμίων
ἐσκύλευσαν ὅσαπερ ὑμῶν ἀφείλοντο; ἀλλὰ τείχη
τοιαῦτα εἷλον οἷα τὰ τῆς ἑαυτῶν πατρίδος κατέσκα-
ψαν; οἵτινες καὶ τὰ περὶ τὴν Ἀττικὴν φρούρια
καθεῖλον, καὶ ὑμῖν ἐδήλωσαν ὅτι οὐδὲ τὸν Πειραιᾶ
Λακεδαιμονίων προσταττόντων περιεῖλον, ἀλλ' ὅτι
ἑαυτοῖς τὴν ἀρχὴν οὕτω βεβαιοτέραν ἐνόμιζον εἶναι.
41 Πολλάκις οὖν ἐθαύμασα τῆς τόλμης τῶν λεγόν-
των ὑπὲρ αὐτοῦ, πλὴν ὅταν ἐνθυμηθῶ ὅτι τῶν
αὐτῶν ἐστιν αὐτούς τε πάντα τὰ κακὰ ἐργάζεσθαι
42 καὶ τοὺς τοιούτους ἐπαινεῖν. οὐ γὰρ νῦν πρῶτον
τῷ ὑμετέρῳ πλήθει τἀναντία ἔπραξεν, ἀλλὰ καὶ
ἐπὶ τῶν τετρακοσίων ἐν τῷ στρατοπέδῳ ὀλιγαρ-
χίαν καθιστὰς ἔφευγεν ἐξ Ἑλλησπόντου τριήραρ-
χος καταλιπὼν τὴν ναῦν, μετὰ Ἰατροκλέους καὶ
ἑτέρων, ὧν τὰ ὀνόματα οὐδὲν δέομαι λέγειν. ἀφι-
κόμενος δὲ δεῦρο τἀναντία τοῖς βουλομένοις δημο-
κρατίαν εἶναι ἔπραττε. καὶ τούτων μάρτυρας ὑμῖν
παρέξομαι.

ΜΑΡΤΥΡΕΣ.

43 Τὸν μὲν τοίνυν μεταξὺ βίον αὐτοῦ παρήσω·
ἐπειδὴ δὲ ἡ ναυμαχία καὶ ἡ συμφορὰ τῇ πόλει
ἐγένετο, δημοκρατίας ἔτι οὔσης, ὅθεν τῆς στάσεως
ἦρξαν, πέντε ἄνδρες ἔφοροι κατέστησαν ὑπὸ τῶν
καλουμένων ἑταίρων, συναγωγεῖς μὲν τῶν πολιτῶν,
ἄρχοντες δὲ τῶν συνωμοτῶν, ἐναντία δὲ τῷ ὑμετέρῳ

πλήθει πράττοντες· ὧν Ἐρατοσθένης καὶ Κριτίας
ἦσαν. οὗτοι δὲ φυλάρχους τε ἐπὶ τὰς φυλὰς κατέ- 44
στησαν, καὶ ὅ τι δέοι χειροτονεῖσθαι καὶ οὕστινας
χρείη ἄρχειν παρήγγελλον, καὶ εἴ τι ἄλλο πράτ-
τειν βούλοιντο, κύριοι ἦσαν· οὕτως οὐχ ὑπὸ τῶν
πολεμίων μόνον ἀλλὰ καὶ ὑπὸ τούτων πολιτῶν
ὄντων ἐπεβουλεύεσθε ὅπως μήτ' ἀγαθὸν μηδὲν
ψηφιεῖσθε πολλῶν τε ἐνδεεῖς ἔσεσθε. τοῦτο γὰρ 45
καλῶς ἠπίσταντο, ὅτι ἄλλως μὲν οὐχ οἷοί τε
ἔσονται περιγενέσθαι, κακῶς δὲ πραττόντων δυνή-
σονται· καὶ ὑμᾶς ἡγοῦντο τῶν παρόντων κακῶν
ἐπιθυμοῦντας ἀπαλλαγῆναι περὶ τῶν μελλόντων
οὐκ ἐνθυμήσεσθαι. ὡς τοίνυν τῶν ἐφόρων ἐγένετο, 46
μάρτυρας ὑμῖν παρέξομαι, οὐ τοὺς τότε συμπράτ-
τοντας (οὐ γὰρ ἂν δυναίμην), ἀλλὰ τοὺς αὐτοῦ
Ἐρατοσθένους ἀκούσαντας. καίτοι κἀκεῖνοι εἰ 47
ἐσωφρόνουν κατεμαρτύρουν ἂν αὐτῶν, καὶ τοὺς
διδασκάλους τῶν σφετέρων ἁμαρτημάτων σφόδρ'
ἂν ἐκόλαζον, καὶ τοὺς ὅρκους, εἰ ἐσωφρόνουν, οὐκ
ἂν ἐπὶ μὲν τοῖς τῶν πολιτῶν κακοῖς πιστοὺς ἐνόμι-
ζον, ἐπὶ δὲ τοῖς τῆς πόλεως ἀγαθοῖς ῥᾳδίως παρέ-
βαινον. πρὸς μὲν οὖν τούτους τοσαῦτα λέγω, τοὺς
δὲ μάρτυράς μοι κάλει. Καὶ ὑμεῖς ἀνάβητε.

ΜΑΡΤΥΡΕΣ.

Τῶν μὲν μαρτύρων ἀκηκόατε. τὸ δὲ τελευταῖον 48
εἰς τὴν ἀρχὴν καταστὰς ἀγαθοῦ μὲν οὐδενὸς μετέ-
σχεν, ἄλλων δὲ πολλῶν. καίτοι εἴπερ ἦν ἀνὴρ

ἀγαθός, ἐχρῆν ἂν πρῶτον μὲν μὴ παρανόμως
ἄρχειν, ἔπειτα τῇ βουλῇ μηνυτὴν γίγνεσθαι περὶ
τῶν εἰσαγγελιῶν ἁπασῶν, ὅτι ψευδεῖς εἶεν, καὶ
Βάτραχος καὶ Αἰσχυλίδης οὐ τἀληθῆ μηνύουσιν,
ἀλλὰ τὰ ὑπὸ τῶν τριάκοντα πλασθέντα εἰσαγγέλ-
λουσι, συγκείμενα ἐπὶ τῇ τῶν πολιτῶν βλάβῃ.
49 καὶ μὲν δή, ὦ ἄνδρες δικασταί, ὅσοι κακόνοι ἦσαν
τῷ ὑμετέρῳ πλήθει, οὐδὲν ἔλαττον εἶχον σιωπῶν-
τες· ἕτεροι γὰρ ἦσαν οἱ λέγοντες καὶ πράττοντες
ὧν οὐχ οἷόν τ᾽ ἦν μείζω κακὰ γενέσθαι τῇ πόλει.
ὁπόσοι δ᾽ εὖνοί φασιν εἶναι, πῶς οὐκ ἐνταῦθα
ἔδειξαν, αὐτοί τε τὰ βέλτιστα λέγοντες καὶ τοὺς
ἐξαμαρτάνοντας ἀποτρέποντες;
50 Ἴσως δ᾽ ἂν ἔχοι εἰπεῖν ὅτι ἐδεδοίκει, καὶ ὑμῶν
τοῦτο ἐνίοις ἱκανὸν ἔσται. ὅπως τοίνυν μὴ φανή-
σεται ἔν τῳ λόγῳ τοῖς τριάκοντα ἐναντιούμενος· εἰ
δὲ μή, ἐνταυθοῖ δῆλος ἔσται ὅτι ἐκεῖνά τε αὐτῷ
ἤρεσκε, καὶ τοσοῦτον ἐδύνατο ὥστε ἐναντιούμενος
μηδὲν κακὸν παθεῖν ὑπ᾽ αὐτῶν. χρῆν δ᾽ αὐτὸν
ὑπὲρ τῆς ὑμετέρας σωτηρίας ταύτην τὴν προθυ-
μίαν ἔχειν, ἀλλὰ μὴ ὑπὲρ Θηραμένους, ὃς εἰς
51 ὑμᾶς πολλὰ ἐξήμαρτεν. ἀλλ᾽ οὗτος τὴν μὲν πόλιν
ἐχθρὰν ἐνόμιζεν εἶναι, τοὺς δ᾽ ὑμετέρους ἐχθροὺς
φίλους, ὡς ἀμφότερα ταῦτα ἐγὼ πολλοῖς τεκμη-
ρίοις παραστήσω, καὶ τὰς πρὸς ἀλλήλους διαφο-
ρὰς οὐχ ὑπὲρ ὑμῶν ἀλλ᾽ ὑπὲρ ἑαυτῶν γιγνομένας,
ὁπότεροι μόνοι ταῦτα πράξουσι καὶ τῆς πόλεως
52 ἄρξουσι. εἰ γὰρ ὑπὲρ τῶν ἀδικουμένων ἐστασία-

ζον, ποῦ κάλλιον ἦν ἀνδρὶ ἄρχοντι, ἢ Θρασυ-
βούλου Φυλὴν κατειληφότος, τότ' ἐπιδείξασθαι
τὴν αὑτοῦ εὔνοιαν; ὁ δ' ἀντὶ τοῦ ἐπαγγείλασθαί
τι ἢ πρᾶξαι ἀγαθὸν πρὸς τοὺς ἐπὶ Φυλῇ, ἐλθὼν
μετὰ τῶν συναρχόντων εἰς Σαλαμῖνα καὶ Ἐλευσῖ-
νάδε τριακοσίους τῶν πολιτῶν ἀπήγαγεν εἰς τὸ
δεσμωτήριον, καὶ μιᾷ ψήφῳ αὐτῶν ἁπάντων θάνα-
τον κατεψηφίσατο. ἐπειδὴ δὲ εἰς τὸν Πειραιᾶ 53
ἤλθομεν καὶ αἱ ταραχαὶ γεγενημέναι ἦσαν καὶ
περὶ τῶν διαλλαγῶν οἱ λόγοι ἐγίγνοντο, πολλὰς
ἑκάτεροι ἐλπίδας εἴχομεν πρὸς ἀλλήλους ἔσεσθαι
ὡς ἀμφότεροι ἐδείξαμεν. οἱ μὲν γὰρ ἐκ Πειραιῶς 54
κρείττους ὄντες εἴασαν αὐτοὺς ἀπελθεῖν· οἱ δὲ εἰς
τὸ ἄστυ ἐλθόντες τοὺς μὲν τριάκοντα ἐξέβαλον
πλὴν Φείδωνος καὶ Ἐρατοσθένους, ἄρχοντας δὲ
τοὺς ἐκείνοις ἐχθίστους εἵλοντο, ἡγούμενοι δικαίως
ἂν ὑπὸ τῶν αὐτῶν τούς τε τριάκοντα μισεῖσθαι
καὶ τοὺς ἐν Πειραιεῖ φιλεῖσθαι. τούτων τοίνυν 55
Φείδων γενόμενος καὶ Ἱπποκλῆς καὶ Ἐπιχάρης ὁ
Λαμπτρεὺς καὶ ἕτεροι οἱ δοκοῦντες εἶναι ἐναντιώ-
τατοι Χαρικλεῖ καὶ Κριτίᾳ καὶ τῇ ἐκείνων ἑταιρείᾳ,
ἐπειδὴ αὐτοὶ εἰς τὴν ἀρχὴν κατέστησαν, πολὺ
μείζω στάσιν καὶ πόλεμον ἐπὶ τοὺς ἐν Πειραιεῖ
τοῖς ἐξ ἄστεως ἐποίησαν· ᾧ καὶ φανερῶς ἐπεδεί- 56
ξαντο ὅτι οὐχ ὑπὲρ τῶν ἐν Πειραιεῖ οὐδ' ὑπὲρ τῶν
ἀδίκως ἀπολλυμένων ἐστασίαζον, οὐδ' οἱ τεθνεῶτες
αὐτοὺς ἐλύπουν, οὐδ' οἱ μέλλοντες ἀποθανεῖσθαι,
ἀλλ' οἱ μεῖζον δυνάμενοι καὶ θᾶττον πλουτοῦντες.

57 λαβόντες γὰρ τὰς ἀρχὰς καὶ τὴν πόλιν ἀμφοτέροις ἐπολέμουν, τοῖς τε τριάκοντα πάντα κακὰ εἰργασμένοις καὶ ὑμῖν πάντα κακὰ πεπονθόσι. καίτοι τοῦτο πᾶσι δῆλον ἦν, ὅτι εἰ μὲν ἐκεῖνοι δικαίως ἔφευγον, ὑμεῖς ἀδίκως, εἰ δ' ὑμεῖς δικαίως, οἱ τριάκοντα ἀδίκως· οὐ γὰρ δὴ ἑτέρων ἔργων αἰτίαν λαβόντες ἐκ τῆς πόλεως ἐξέπεσον, ἀλλὰ τούτων.
58 ὥστε σφόδρα χρὴ ὀργίζεσθαι, ὅτι Φείδων αἱρεθεὶς ὑμᾶς διαλλάξαι καὶ καταγαγεῖν τῶν αὐτῶν ἔργων Ἐρατοσθένει μετεῖχε καὶ τῇ αὐτῇ γνώμῃ τοὺς μὲν κρείττους αὐτῶν δι' ὑμᾶς κακῶς ποιεῖν ἕτοιμος ἦν, ὑμῖν δὲ ἀδίκως φεύγουσιν οὐκ ἠθέλησεν ἀποδοῦναι τὴν πόλιν, ἀλλ' ἐλθὼν εἰς Λακεδαίμονα ἔπειθεν αὐτοὺς στρατεύεσθαι, διαβάλλων ὅτι Βοιωτῶν ἡ πόλις ἔσται, καὶ ἄλλα λέγων οἷς ᾤετο πείσειν
59 μάλιστα. οὐ δυνάμενος δὲ τούτων τυχεῖν, εἴτε καὶ τῶν ἱερῶν ἐμποδὼν ὄντων εἴτε καὶ αὐτῶν οὐ βουλομένων, ἑκατὸν τάλαντα ἐδανείσατο, ἵνα ἔχοι ἐπικούρους μισθοῦσθαι. καὶ Λύσανδρον ἄρχοντα ᾐτήσατο, εὐνούστατον μὲν ὄντα τῇ ὀλιγαρχίᾳ, κακονούστατον δὲ τῇ πόλει, μισοῦντα δὲ μάλιστα
60 τοὺς ἐν Πειραιεῖ. μισθωσάμενοι δὲ πάντας ἀνθρώπους ἐπ' ὀλέθρῳ τῆς πόλεως, καὶ ὅλας πόλεις ἐπάγοντες, καὶ τελευτῶντες Λακεδαιμονίους καὶ τῶν συμμάχων ὁπόσους ἐδύναντο πεῖσαι, οὐ διαλλάξαι ἀλλ' ἀπολέσαι παρεσκευάζοντο τὴν πόλιν εἰ μὴ δι' ἄνδρας ἀγαθούς, οἷς ὑμεῖς δηλώσατε παρὰ τῶν ἐχθρῶν δίκην λαβόντες, ὅτι καὶ ἐκείνοις χάριν

ἀποδώσετε. ταῦτα δὲ ἐπίστασθε μὲν καὶ αὐτοί, 61
καὶ οὐκ οἶδ' ὅτι δεῖ μάρτυρας παρασχέσθαι· ὅμως
δέ· ἐγώ τε γὰρ δέομαι ἀναπαύσασθαι, ὑμῶν τ'
ἐνίοις ἥδιον ὡς πλείστων τοὺς αὐτοὺς λόγους
ἀκούειν.

ΜΑΡΤΥΡΕΣ.

Φέρε δὴ καὶ περὶ Θηραμένους ὡς ἂν δύνωμαι 62
διὰ βραχυτάτων διδάξω. δέομαι δ' ὑμῶν ἀκοῦσαι
ὑπέρ τ' ἐμαυτοῦ καὶ τῆς πόλεως. καὶ μηδενὶ τοῦτο
παραστῇ, ὡς Ἐρατοσθένους κινδυνεύοντος Θηρα-
μένους κατηγορῶ· πυνθάνομαι γὰρ ταῦτα ἀπολο-
γήσεσθαι αὐτόν, ὅτι ἐκείνῳ φίλος ἦν καὶ τῶν αὐτῶν
ἔργων μετεῖχε. καίτοι σφόδρ' ἂν αὐτὸν οἶμαι 63
μετὰ Θεμιστοκλέους πολιτευόμενον προσποιεῖσθαι
πράττειν ὅπως οἰκοδομηθήσεται τὰ τείχη, ὁπότε
καὶ μετὰ Θηραμένους ὅπως καθαιρεθήσεται. οὐ
γάρ μοι δοκοῦσιν ἴσου ἄξιοι γεγενῆσθαι· ὁ μὲν
γὰρ Λακεδαιμονίων ἀκόντων ᾠκοδόμησεν αὐτά,
οὗτος δὲ τοὺς πολίτας ἐξαπατήσας καθεῖλε. περιέ- 64
στηκεν οὖν τῇ πόλει τοὐναντίον ἢ ὡς εἰκὸς ἦν.
ἄξιον μὲν γὰρ ἦν καὶ τοὺς φίλους τοὺς Θηρα-
μένους προσαπολωλέναι, πλὴν εἴ τις ἐτύγχανεν
ἐκείνῳ τἀναντία πράττων· νῦν δὲ ὁρῶ τάς τε ἀπο-
λογίας εἰς ἐκεῖνον ἀναφερομένας, τούς τ' ἐκείνῳ
συνόντας τιμᾶσθαι πειρωμένους, ὥσπερ πολλῶν
ἀγαθῶν αἰτίου ἀλλ' οὐ μεγάλων κακῶν γεγενημέ-
νου. ὃς πρῶτον μὲν τῆς προτέρας ὀλιγαρχίας 65
αἰτιώτατος ἐγένετο, πείσας ὑμᾶς τὴν ἐπὶ τῶν

τετρακοσίων πολιτείαν ἑλέσθαι. καὶ ὁ μὲν πατὴρ
αὐτοῦ τῶν προβούλων ὢν ταῦτ' ἔπραττεν, αὐτὸς δὲ
δοκῶν εὐνούστατος εἶναι τοῖς πράγμασι στρατηγὸς
66 ὑπ' αὐτῶν ᾑρέθη. καὶ ἕως μὲν ἐτιμᾶτο, πιστὸν
ἑαυτὸν παρεῖχεν· ἐπειδὴ δὲ Πείσανδρον μὲν καὶ
Κάλλαισχρον καὶ ἑτέρους ἑώρα προτέρους αὐτοῦ
γιγνομένους, τὸ δὲ ὑμέτερον πλῆθος οὐκέτι βουλό-
μενον τούτων ἀκροᾶσθαι, τότ' ἤδη διά τε τὸν πρὸς
ἐκείνους φθόνον καὶ τὸ παρ' ὑμῶν δέος μετέσχε
67 τῶν Ἀριστοκράτους ἔργων. βουλόμενος δὲ τῷ
ὑμετέρῳ πλήθει δοκεῖν πιστὸς εἶναι Ἀντιφῶντα
καὶ Ἀρχεπτόλεμον φιλτάτους ὄντας αὐτῷ κατηγο-
ρῶν ἀπέκτεινεν, εἰς τοσοῦτον δὲ κακίας ἦλθεν, ὥστε
ἅμα μὲν διὰ τὴν πρὸς ἐκείνους πίστιν ὑμᾶς κατε-
δουλώσατο, διὰ δὲ τὴν πρὸς ὑμᾶς τοὺς φίλους
68 ἀπώλεσε. τιμώμενος δὲ καὶ τῶν μεγίστων ἀξιού-
μενος, αὐτὸς ἐπαγγειλάμενος σώσειν τὴν πόλιν
αὐτὸς ἀπώλεσε, φάσκων πρᾶγμα εὑρηκέναι μέγα
καὶ πολλοῦ ἄξιον. ὑπέσχετο δὲ εἰρήνην ποιήσειν
μήτε ὅμηρα δοὺς μήτε τὰ τείχη καθελὼν μήτε τὰς
ναῦς παραδούς· ταῦτα δὲ εἰπεῖν μὲν οὐδενὶ ἠθέ-
69 λησεν, ἐκέλευσε δὲ αὐτῷ πιστεύειν. ὑμεῖς δέ, ὦ
ἄνδρες Ἀθηναῖοι, πραττούσης μὲν τῆς ἐν Ἀρείῳ
πάγῳ βουλῆς σωτήρια, ἀντιλεγόντων δὲ πολλῶν
Θηραμένει, εἰδότες δὲ ὅτι οἱ μὲν ἄλλοι ἄνθρωποι
τῶν πολεμίων ἕνεκα τἀπόρρητα ποιοῦνται, ἐκεῖνος
δ' ἐν τοῖς αὑτοῦ πολίταις οὐκ ἠθέλησεν εἰπεῖν
ταῦτα ἃ πρὸς τοὺς πολεμίους ἔμελλεν ἐρεῖν, ὅμως

ἐπετρέψατε αὐτῷ πατρίδα καὶ παῖδας καὶ γυναῖκας καὶ ὑμᾶς αὐτούς. ὁ δὲ ὧν μὲν ὑπέσχετο οὐδὲν 70 ἔπραξεν, οὕτως δὲ ἐνετεθύμητο ὡς χρὴ μικρὰν καὶ ἀσθενῆ γενέσθαι τὴν πόλιν, ὥστε περὶ ὧν οὐδεὶς πώποτε οὔτε τῶν πολεμίων ἐμνήσθη οὔτε τῶν πολιτῶν ἤλπισε, ταῦθ' ὑμᾶς ἔπεισε πρᾶξαι, οὐχ ὑπὸ Λακεδαιμονίων ἀναγκαζόμενος, ἀλλ' αὐτὸς ἐκείνοις ἐπαγγελλόμενος, τοῦ τε Πειραιῶς τὰ τείχη περιελεῖν καὶ τὴν ὑπάρχουσαν πολιτείαν καταλῦσαι, εὖ εἰδὼς ὅτι, εἰ μὴ πασῶν τῶν ἐλπίδων ἀποστερήσεσθε, ταχεῖαν παρ' αὐτοῦ τὴν τιμωρίαν κομιεῖσθε. καὶ τὸ τελευταῖον, ὦ ἄνδρες δικασταί, οὐ πρότερον 71 εἴασε τὴν ἐκκλησίαν γενέσθαι, ἕως ὁ ὡμολογημένος ὑπ' ἐκείνων καιρὸς ἐπιμελῶς ὑπ' αὐτοῦ ἐτηρήθη, καὶ μετεπέμψατο μὲν τὰς μετὰ Λυσάνδρου ναῦς ἐκ Σάμου, ἐπεδήμησε δὲ τὸ τῶν πολεμίων στρατόπεδον. τότε δὲ τούτων ὑπαρχόντων, καὶ 72 παρόντος Λυσάνδρου καὶ Φιλοχάρους καὶ Μιλτιάδου, περὶ τῆς πολιτείας τὴν ἐκκλησίαν ἐποίουν, ἵνα μήτε ῥήτωρ αὐτοῖς μηδεὶς ἐναντιοῖτο μηδὲ διαπειλοῖτο, ὑμεῖς τε μὴ τὰ τῇ πόλει συμφέροντα ἕλοισθε, ἀλλὰ τἀκείνοις δοκοῦντα ψηφίσαισθε. ἀναστὰς δὲ Θηραμένης ἐκέλευσεν ὑμᾶς τριάκοντα 73 ἀνδράσιν ἐπιτρέψαι τὴν πόλιν, καὶ τῇ πολιτείᾳ χρῆσθαι ἣν Δρακοντίδης ἀπέφαινεν. ὑμεῖς δ' ὅμως καὶ οὕτω διακείμενοι ἐθορυβεῖτε ὡς οὐ ποιήσοντες ταῦτα· ἐγιγνώσκετε γὰρ ὅτι περὶ δουλείας καὶ ἐλευθερίας ἐν ἐκείνῃ τῇ ἡμέρᾳ ἠκκλησιάζετε.

74 Θηραμένης δέ, ὦ ἄνδρες δικασταί, (καὶ τούτων ὑμᾶς αὐτοὺς μάρτυρας παρέχομαι) εἶπεν ὅτι οὐδὲν αὐτῷ μέλοι τοῦ ὑμετέρου θορύβου, ἐπειδὴ πολλοὺς μὲν Ἀθηναίων εἰδείη τοὺς τὰ ὅμοια πράττοντας αὐτῷ, δοκοῦντα δὲ Λυσάνδρῳ καὶ Λακεδαιμονίοις λέγοι. μετ᾽ ἐκεῖνον δὲ Λύσανδρος ἀναστὰς ἄλλα τε πολλὰ εἶπε καὶ ὅτι παρασπόνδους ὑμᾶς ἔχοι, καὶ ὅτι οὐ περὶ πολιτείας ὑμῖν ἔσται ἀλλὰ περὶ σωτηρίας, εἰ μὴ ποιήσεθ᾽ ἃ Θηραμένης κελεύει.
75 τῶν δ᾽ ἐν τῇ ἐκκλησίᾳ ὅσοι ἄνδρες ἀγαθοὶ ἦσαν, γνόντες τὴν παρασκευὴν καὶ τὴν ἀνάγκην, οἱ μὲν αὐτοῦ μένοντες ἡσυχίαν ἦγον, οἱ δ᾽ ᾤχοντο ἀπιόντες, τοῦτο γοῦν σφίσιν αὐτοῖς συνειδότες, ὅτι οὐδὲν κακὸν τῇ πόλει ἐψηφίσαντο· ὀλίγοι δέ τινες καὶ πονηροὶ καὶ κακῶς βουλευόμενοι τὰ προστα-
76 χθέντα ἐχειροτόνησαν· παρήγγελτο γὰρ αὐτοῖς δέκα μὲν οὓς Θηραμένης ἀπέδειξε χειροτονῆσαι, δέκα δὲ οὓς οἱ καθεστηκότες ἔφοροι κελεύοιεν, δέκα δ᾽ ἐκ τῶν παρόντων· οὕτω γὰρ τὴν ὑμετέραν ἀσθένειαν ἑώρων καὶ τὴν αὑτῶν δύναμιν ἠπίσταντο, ὥστε πρότερον ᾔδεσαν τὰ μέλλοντα ἐν τῇ ἐκ-
77 κλησίᾳ πραχθήσεσθαι. ταῦτα δὲ οὐκ ἐμοὶ δεῖ πιστεῦσαι, ἀλλὰ ἐκείνῳ· πάντα γὰρ τὰ ὑπ᾽ ἐμοῦ εἰρημένα ἐν τῇ βουλῇ ἀπολογούμενος ἔλεγεν, ὀνειδίζων μὲν τοῖς φεύγουσιν, ὅτι δι᾽ αὐτὸν κατέλθοιεν, οὐδὲν φροντιζόντων Λακεδαιμονίων, ὀνειδίζων δὲ τοῖς τῆς πολιτείας μετέχουσιν ὅτι πάντων τῶν πεπραγμένων τοῖς εἰρημένοις τρόποις ὑπ᾽ ἐμοῦ

αὐτοῖς αἴτιος γεγενημένος τοιούτων τυγχάνοι, πολλὰς πίστεις αὐτοῖς ἔργῳ δεδωκὼς καὶ παρ' ἐκείνων ὅρκους εἰληφώς. καὶ τοσούτων καὶ ἑτέρων κακῶν 78 καὶ αἰσχρῶν καὶ πάλαι καὶ νεωστὶ καὶ μικρῶν καὶ μεγάλων αἰτίῳ γεγενημένῳ τολμήσουσιν αὐτοὺς φίλους ὄντας ἀποφαίνειν, οὐχ ὑπὲρ ὑμῶν ἀποθανόντος Θηραμένους ἀλλ' ὑπὲρ τῆς αὑτοῦ πονηρίας, καὶ δικαίως μὲν ἐν ὀλιγαρχίᾳ δίκην δόντος (ἤδη γὰρ αὐτὴν κατέλυσε), δικαίως δ' ἂν ἐν δημοκρατίᾳ· δὶς γὰρ ὑμᾶς κατεδουλώσατο, τῶν μὲν παρόντων καταφρονῶν, τῶν δὲ ἀπόντων ἐπιθυμῶν, καὶ τῷ καλλίστῳ ὀνόματι χρώμενος δεινοτάτων ἔργων διδάσκαλος καταστάς.

Περὶ μὲν τοίνυν Θηραμένους ἱκανά μοί ἐστι τὰ 79 κατηγορημένα· ἥκει δ' ὑμῖν ἐκεῖνος ὁ καιρός, ἐν ᾧ δεῖ συγγνώμην καὶ ἔλεον μὴ εἶναι ἐν ταῖς ὑμετέραις γνώμαις, ἀλλὰ παρὰ Ἐρατοσθένους καὶ τῶν τούτου συναρχόντων δίκην λαβεῖν, μηδὲ μαχομένους μὲν κρείττους εἶναι τῶν πολεμίων, ψηφιζομένους δὲ ἥττους τῶν ἐχθρῶν. μηδ' ὧν φασι 80 μέλλειν πράξειν πλείω χάριν αὐτοῖς ἴστε, ἢ ὧν ἐποίησαν ὀργίζεσθε· μηδ' ἀποῦσι μὲν τοῖς τριάκοντα ἐπιβουλεύετε, παρόντας δ' ἀφῆτε· μηδὲ τῆς τύχης, ἣ τούτους παρέδωκε τῇ πόλει, κάκιον ὑμεῖς ὑμῖν αὐτοῖς βοηθήσητε.

Κατηγόρηται δὴ Ἐρατοσθένους καὶ τῶν τούτου 81 φίλων, οἷς τὰς ἀπολογίας ἀνοίσει καὶ μεθ' ὧν αὐτῷ ταῦτα πέπρακται. ὁ μέντοι ἀγὼν οὐκ ἐξ ἴσου τῇ

πόλει καὶ Ἐρατοσθένει· οὗτος μὲν γὰρ κατήγορος
καὶ δικαστὴς αὐτὸς ἦν τῶν κρινομένων, ἡμεῖς δὲ
νυνὶ εἰς κατηγορίαν καὶ ἀπολογίαν καθέσταμεν.
82 καὶ οὗτοι μὲν τοὺς οὐδὲν ἀδικοῦντας ἀκρίτους
ἀπέκτειναν, ὑμεῖς δὲ τοὺς ἀπολέσαντας τὴν πόλιν
κατὰ τὸν νόμον ἀξιοῦτε κρίνειν, παρ' ὧν οὐδ' ἂν
παρανόμως βουλόμενοι δίκην λαμβάνειν ἀξίαν τῶν
ἀδικημάτων ὧν τὴν πόλιν ἠδικήκασι λάβοιτε. τί
γὰρ ἂν παθόντες δίκην τὴν ἀξίαν εἴησαν τῶν
83 ἔργων δεδωκότες; πότερον εἰ αὐτοὺς ἀποκτείναιτε
καὶ τοὺς παῖδας αὐτῶν, ἱκανὴν ἂν τοῦ φόνου δίκην
λάβοιμεν, ὧν οὗτοι πατέρας καὶ ὑεῖς καὶ ἀδελφοὺς
ἀκρίτους ἀπέκτειναν; ἀλλὰ γὰρ εἰ τὰ χρήματα τὰ
φανερὰ δημεύσαιτε, καλῶς ἂν ἔχοι ἢ τῇ πόλει, ἧς
οὗτοι πολλὰ εἰλήφασιν, ἢ τοῖς ἰδιώταις, ὧν τὰς
84 οἰκίας ἐξεπόρθησαν; ἐπειδὴ τοίνυν πάντα ποιοῦν-
τες δίκην παρ' αὐτῶν ἱκανὴν οὐκ ἂν δύναισθε
λαβεῖν, πῶς οὐκ αἰσχρὸν ὑμῖν καὶ ἡντινοῦν ἀπολι-
πεῖν, ἥντινά τις βούλοιτο παρὰ τούτων λαμβάνειν;
πᾶν δ' ἄν μοι δοκεῖ τολμῆσαι, ὅστις νυνὶ οὐχ
ἑτέρων ὄντων τῶν δικαστῶν ἀλλ' αὐτῶν τῶν κακῶς
πεπονθότων, ἥκει ἀπολογησόμενος πρὸς αὐτοὺς
τοὺς μάρτυρας τῆς τούτου πονηρίας· τοσοῦτον ἢ
85 ὑμῶν καταπεφρόνηκεν ἢ ἑτέροις πεπίστευκεν. ὧν
ἀμφοτέρων ἄξιον ἐπιμεληθῆναι, ἐνθυμουμένους ὅτι
οὔτ' ἂν ἐκεῖνα ἐδύναντο ποιεῖν μὴ ἑτέρων συμπρατ-
τόντων οὔτ' ἂν νῦν ἐπεχείρησαν ἐλθεῖν μὴ ὑπὸ τῶν
αὐτῶν οἰόμενοι σωθήσεσθαι, οἳ οὐ τούτοις ἥκουσι

βοηθήσοντες, ἀλλὰ ἡγούμενοι πολλὴν ἄδειαν σφίσιν ἔσεσθαι τῶν τε πεπραγμένων καὶ τοῦ λοιποῦ ποιεῖν ὅ τι ἂν βούλωνται, εἰ τοὺς μεγίστων κακῶν αἰτίους λαβόντες ἀφήσετε.

Ἀλλὰ καὶ τῶν συνερούντων αὐτοῖς ἄξιον θαυμάζειν, πότερον ὡς καλοὶ κἀγαθοὶ αἰτήσονται, τὴν αὑτῶν ἀρετὴν πλείονος ἀξίαν ἀποφαίνοντες τῆς τούτων πονηρίας· ἐβουλόμην μέντ᾽ ἂν αὐτοὺς οὕτω προθύμους εἶναι σῴζειν τὴν πόλιν, ὥσπερ οὗτοι ἀπολλύναι· ἢ ὡς δεινοὶ λέγειν ἀπολογήσονται καὶ τὰ τούτων ἔργα πολλοῦ ἄξια ἀποφανοῦσιν. ἀλλ᾽ οὐχ ὑπὲρ ὑμῶν οὐδεὶς αὐτῶν οὐδὲ τὰ δίκαια πώποτε ἐπεχείρησεν εἰπεῖν.

Ἀλλὰ τοὺς μάρτυρας ἄξιον ἰδεῖν, οἳ τούτοις μαρτυροῦντες αὑτῶν κατηγοροῦσι, σφόδρα ἐπιλήσμονας καὶ εὐήθεις νομίζοντες ὑμᾶς εἶναι, εἰ διὰ μὲν τοῦ ὑμετέρου πλήθους ἀδεῶς ἡγοῦνται τοὺς τριάκοντα σώσειν, διὰ δὲ Ἐρατοσθένην καὶ τοὺς συνάρχοντας αὐτοῦ δεινὸν ἦν καὶ τῶν τεθνεώτων ἐπ᾽ ἐκφορὰν ἐλθεῖν. καίτοι οὗτοι μὲν σωθέντες πάλιν ἂν δύναιντο τὴν πόλιν ἀπολέσαι· ἐκεῖνοι δέ, οὓς οὗτοι ἀπώλεσαν, τελευτήσαντες τὸν βίον πέρας ἔχουσι τῆς τῶν ἐχθρῶν τιμωρίας. οὐκ οὖν δεινὸν εἰ τῶν μὲν ἀδίκως τεθνεώτων οἱ φίλοι συναπώλλυντο, αὐτοῖς δὲ τοῖς τὴν πόλιν ἀπολέσασιν δήπου ἐπ᾽ ἐκφορὰν πολλοὶ ἥξουσιν, ὁπότε βοηθεῖν τοσοῦτοι παρασκευάζονται; καὶ μὲν δὴ πολλῷ ῥᾷον ἡγοῦμαι εἶναι ὑπὲρ ὧν ὑμεῖς ἐπάσχετε ἀντειπεῖν, ἢ ὑπὲρ ὧν οὗτοι πεποιήκασιν ἀπολογήσασθαι. καίτοι λέγουσιν ὡς Ἐρατοσθένει ἐλάχιστα τῶν τριάκοντα κακὰ εἴργασται, καὶ διὰ τοῦτο αὐτὸν ἀξιοῦσι σωθῆναι· ὅτι δὲ τῶν ἄλλων Ἑλλήνων πλεῖστα εἰς ὑμᾶς ἐξημάρτηκεν, οὐκ οἴονται χρῆναι αὐτὸν ἀπολέσθαι.

90 Ὑμεῖς δὲ δείξετε ἥντινα γνώμην ἔχετε περὶ τῶν πραγμάτων. εἰ μὲν γὰρ τούτου καταψηφιεῖσθε, δῆλοι ἔσεσθε ὡς ὀργιζόμενοι τοῖς πεπραγμένοις· εἰ δὲ ἀποψηφιεῖσθε, ὀφθήσεσθε τῶν αὐτῶν ἔργων ἐπιθυμηταὶ τούτοις ὄντες, καὶ οὐχ ἕξετε λέγειν ὅτι
91 τὰ ὑπὸ τῶν τριάκοντα προσταχθέντα ἐποιεῖτε· νυνὶ μὲν γὰρ οὐδεὶς ὑμᾶς ἀναγκάζει παρὰ τὴν ὑμετέραν γνώμην ἀποψηφίζεσθαι. ὥστε συμβουλεύω μὴ τούτων ἀποψηφισαμένους ὑμῶν αὐτῶν καταψηφίσασθαι. μηδ' οἴεσθε κρύβδην τὴν ψῆφον οἴσειν· φανερὰν γὰρ τῇ πόλει τὴν ὑμετέραν γνώμην ποιήσετε.

92 Βούλομαι δὲ ὀλίγα ἑκατέρους ἀναμνήσας καταβαίνειν, τούς τε ἐξ ἄστεως καὶ τοὺς ἐκ Πειραιῶς, ἵνα τὰς ὑμῖν διὰ τούτων γεγενημένας συμφορὰς παραδείγματα ἔχοντες τὴν ψῆφον φέρητε. καὶ πρῶτον μὲν ὅσοι ἐξ ἄστεώς ἐστε, σκέψασθε ὅτι ὑπὸ τούτων οὕτω σφόδρα ἤρχεσθε, ὥστε ἀδελφοῖς καὶ υἱέσι καὶ πολίταις ἠναγκάζεσθε πολεμεῖν τοιοῦτον πόλεμον, ἐν ᾧ ἡττηθέντες μὲν τοῖς νικήσασι τὸ ἴσον ἔχετε, νικήσαντες δ' ἂν τούτοις ἐδουλεύετε.
93 καὶ τοὺς ἰδίους οἴκους οὗτοι μὲν ἐκ τῶν πραγμά-

των μεγάλους ἐκτήσαντο, ὑμεῖς δὲ διὰ τὸν πρὸς
ἀλλήλους πόλεμον ἐλάττους ἔχετε· συνωφελεῖσθαι
μὲν γὰρ ὑμᾶς οὐκ ἠξίουν, συνδιαβάλλεσθαι δ᾽
ἠνάγκαζον, εἰς τοσοῦτον ὑπεροψίας ἐλθόντες ὥστε
οὐ τῶν ἀγαθῶν κοινούμενοι πιστοὺς ὑμᾶς ἐκτῶντο,
ἀλλὰ τῶν ὀνειδῶν μεταδιδόντες εὔνους ᾤοντο εἶναι.
ἀνθ᾽ ὧν ὑμεῖς νῦν ἐν τῷ θαρραλέῳ ὄντες, καθ᾽ 94
ὅσον δύνασθε, καὶ ὑπὲρ ὑμῶν αὐτῶν καὶ ὑπὲρ τῶν
ἐκ Πειραιῶς τιμωρήσασθε, ἐνθυμηθέντες μὲν ὅτι
ὑπὸ τούτων πονηροτάτων ὄντων ἤρχεσθε, ἐνθυμη-
θέντες δὲ ὅτι μετ᾽ ἀνδρῶν νῦν ἀρίστων πολιτεύε-
σθε καὶ τοῖς πολεμίοις μάχεσθε καὶ περὶ τῆς
πόλεως βουλεύεσθε, ἀναμνησθέντες δὲ τῶν ἐπικού-
ρων, οὓς οὗτοι φύλακας τῆς σφετέρας ἀρχῆς καὶ
τῆς ὑμετέρας δουλείας εἰς τὴν ἀκρόπολιν κατέστη-
σαν. καὶ πρὸς ὑμᾶς μὲν ἔτι πολλῶν ὄντων εἰπεῖν 95
τοσαῦτα λέγω.

Ὅσοι δ᾽ ἐκ Πειραιῶς ἐστε, πρῶτον μὲν τῶν
ὅπλων ἀναμνήσθητε, ὅτι πολλὰς μάχας ἐν τῇ
ἀλλοτρίᾳ μαχεσάμενοι οὐχ ὑπὸ τῶν πολεμίων ἀλλ᾽
ὑπὸ τούτων εἰρήνης οὔσης ἀφῃρέθητε τὰ ὅπλα,
ἔπειθ᾽ ὅτι ἐξεκηρύχθητε μὲν ἐκ τῆς πόλεως, ἣν
ὑμῖν οἱ πατέρες παρέδοσαν, φεύγοντας δὲ ὑμᾶς ἐκ
τῶν πόλεων ἐξῃτοῦντο. ἀνθ᾽ ὧν ὀργίσθητε μὲν 96
ὥσπερ ὅτ᾽ ἐφεύγετε, ἀναμνήσθητε δὲ καὶ τῶν
ἄλλων κακῶν ἃ πεπόνθατε ὑπ᾽ αὐτῶν, οἳ τοὺς μὲν
ἐκ τῆς ἀγορᾶς τοὺς δ᾽ ἐκ τῶν ἱερῶν συναρπάζοντες
βιαίως ἀπέκτειναν, τοὺς δὲ ἀπὸ τέκνων καὶ γονέων

καὶ γυναικῶν ἀφέλκοντες φονέας αὐτῶν ἠνάγκασαν
γενέσθαι καὶ οὐδὲ ταφῆς τῆς νομιζομένης εἴασαν
τυχεῖν, ἡγούμενοι τὴν αὑτῶν ἀρχὴν βεβαιοτέραν
εἶναι τῆς παρὰ τῶν θεῶν τιμωρίας. ὅσοι δὲ τὸν
θάνατον διέφυγον, πολλαχοῦ κινδυνεύσαντες καὶ
εἰς πολλὰς πόλεις πλανηθέντες καὶ πανταχόθεν
ἐκκηρυττόμενοι, ἐνδεεῖς ὄντες τῶν ἐπιτηδείων, οἱ
μὲν ἐν πολεμίᾳ τῇ πατρίδι τοὺς παῖδας καταλι-
πόντες, οἱ δ' ἐν ξένῃ γῇ, πολλῶν ἐναντιουμένων
ἤλθετε εἰς τὸν Πειραιᾶ. πολλῶν δὲ καὶ μεγάλων
κινδύνων ὑπαρξάντων ἄνδρες ἀγαθοὶ γενόμενοι
τοὺς μὲν ἠλευθερώσατε, τοὺς δ' εἰς τὴν πατρίδα
κατηγάγετε. εἰ δὲ ἐδυστυχήσατε καὶ τούτων
ἡμάρτετε, αὐτοὶ μὲν ἂν δείσαντες ἐφεύγετε μὴ
πάθητε τοιαῦτα οἷα καὶ πρότερον, καὶ οὔτ' ἂν ἱερὰ
οὔτε βωμοὶ ὑμᾶς ἀδικουμένους διὰ τοὺς τούτων
τρόπους ὠφέλησεν, ἃ καὶ τοῖς ἀδικοῦσι σωτήρια
γίγνεται· οἱ δὲ παῖδες ὑμῶν, ὅσοι μὲν ἐνθάδε
ἦσαν, ὑπὸ τούτων ἂν ὑβρίζοντο, οἱ δ' ἐπὶ ξένης
μικρῶν ἂν ἕνεκα συμβολαίων ἐδούλευον ἐρημίᾳ
τῶν ἐπικουρησόντων.

Ἀλλὰ γὰρ οὐ τὰ μέλλοντα ἔσεσθαι βούλομαι
λέγειν, τὰ πραχθέντα ὑπὸ τούτων οὐ δυνάμενος
εἰπεῖν· οὐδὲ γὰρ ἑνὸς κατηγόρου οὐδὲ δυοῖν ἔργον
ἐστίν, ἀλλὰ πολλῶν. ὅμως δὲ τῆς ἐμῆς προθυμίας
οὐδὲν ἐλλέλειπται, ὑπέρ τε τῶν ἱερῶν, ἃ οὗτοι τὰ
μὲν ἀπέδοντο τὰ δ' εἰσιόντες ἐμίαινον, ὑπέρ τε τῆς
πόλεως, ἣν μικρὰν ἐποίουν, ὑπέρ τε τῶν νεωρίων,

ἃ καθεῖλον, καὶ ὑπὲρ τῶν τεθνεώτων, οἷς ὑμεῖς, ἐπειδὴ ζῶσιν ἐπαμῦναι οὐκ ἐδύνασθε, ἀποθανοῦσι βοηθήσατε. οἶμαι δ' αὐτοὺς ἡμῶν τε ἀκροᾶσθαι καὶ ὑμᾶς εἴσεσθαι τὴν ψῆφον φέροντας, ἡγουμένους, ὅσοι μὲν ἂν τούτων ἀποψηφίσησθε, αὐτῶν θάνατον κατεψηφισμένους ἔσεσθαι, ὅσοι δ' ἂν παρὰ τούτων δίκην λάβωσιν, ὑπὲρ αὐτῶν τὰς τιμωρίας πεποιημένους.

Παύσομαι κατηγορῶν. ἀκηκόατε, ἑωράκατε, πεπόνθατε, ἔχετε. δικάζετε.

XVI.

ΕΝ ΒΟΥΛΗΙ

ΜΑΝΤΙΘΕΩΙ ΔΟΚΙΜΑΖΟΜΕΝΩΙ ΑΠΟΛΟΓΙΑ.

Εἰ μὴ συνῄδειν, ὦ βουλή, τοῖς κατηγόροις βουλομένοις ἐκ παντὸς τρόπου κακῶς ἐμὲ ποιεῖν, πολλὴν ἂν αὐτοῖς χάριν εἶχον ταύτης τῆς κατηγορίας· ἡγοῦμαι γὰρ τοῖς ἀδίκως διαβεβλημένοις τούτους εἶναι μεγίστων ἀγαθῶν αἰτίους, οἵτινες ἂν αὐτοὺς ἀναγκάζωσιν εἰς ἔλεγχον τῶν αὐτοῖς βε-
2 βιωμένων καταστῆναι. ἐγὼ γὰρ οὕτω σφόδρα ἐμαυτῷ πιστεύω, ὥστ' ἐλπίζω καὶ εἴ τις πρός με τυγχάνει ἀηδῶς διακείμενος, ἐπειδὰν ἐμοῦ λέγοντος ἀκούσῃ περὶ τῶν πεπραγμένων, μεταμελήσειν αὐτῷ καὶ πολὺ βελτίω με εἰς τὸν λοιπὸν χρόνον
3 ἡγήσεσθαι. ἀξιῶ δέ, ὦ βουλή, ἐὰν μὲν τοῦτο μόνον ὑμῖν ἀποδείξω, ὡς εὔνους εἰμὶ τοῖς καθεστηκόσι πράγμασι καὶ ὡς ἠνάγκασμαι τῶν αὐτῶν κινδύνων μετέχειν ὑμῖν, μηδέν πώ μοι πλέον εἶναι· ἐὰν δὲ φαίνωμαι καὶ περὶ τὰ ἄλλα μετρίως βεβιωκὼς καὶ πολὺ παρὰ τὴν δόξαν καὶ παρὰ τοὺς λόγους τοὺς τῶν ἐχθρῶν, δέομαι ὑμῶν ἐμὲ μὲν δοκιμάζειν, τούτους δὲ ἡγεῖσθαι χείρους εἶναι. πρῶτον δὲ ἀποδείξω ὡς οὐχ ἵππευον ἐπὶ τῶν τριάκοντα, οὐδὲ μετέσχον τῆς τότε πολιτείας.

Ἡμᾶς γὰρ ὁ πατὴρ πρὸ τῆς ἐν Ἑλλησπόντῳ 4
συμφορᾶς ὡς Σάτυρον τὸν ἐν τῷ Πόντῳ διαιτησομένους
ἐξέπεμψε, καὶ οὔτε τῶν τειχῶν καθαιρουμένων
ἐπεδημοῦμεν οὔτε μεθισταμένης τῆς πολιτείας,
ἀλλ' ἤλθομεν πρὶν τοὺς ἀπὸ Φυλῆς εἰς τὸν Πειραιᾶ
κατελθεῖν πρότερον πένθ' ἡμέραις. καίτοι οὔτε 5
ἡμᾶς εἰκὸς ἦν εἰς τοιοῦτον καιρὸν ἀφιγμένους
ἐπιθυμεῖν μετέχειν τῶν ἀλλοτρίων κινδύνων, οὔτ'
ἐκεῖνοι φαίνονται τοιαύτην γνώμην ἔχοντες ὥστε
καὶ τοῖς ἀποδημοῦσι καὶ μηδὲν ἐξαμαρτάνουσι
μεταδιδόναι τῆς πολιτείας, ἀλλὰ μᾶλλον ἠτίμαζον
καὶ τοὺς συγκαταλύσαντας τὸν δῆμον. ἔπειτα δὲ 6
ἐκ μὲν τοῦ σανιδίου τοὺς ἱππεύσαντας σκοπεῖν
εὔηθές ἐστιν· ἐν τούτῳ γὰρ πολλοὶ μὲν τῶν ὁμολογούντων
ἱππεύειν οὐκ ἔνεισιν, ἔνιοι δὲ τῶν ἀποδημούντων
ἐγγεγραμμένοι εἰσίν. ἐκεῖνος δ' ἐστὶν
ἔλεγχος μέγιστος· ἐπειδὴ γὰρ κατήλθετε, ἐψηφίσασθε
τοὺς φυλάρχους ἀπενεγκεῖν τοὺς ἱππεύσαντας,
ἵνα τὰς καταστάσεις ἀναπράξητε παρ' αὐτῶν.
ἐμὲ τοίνυν οὐδεὶς ἂν ἀποδείξειεν οὔτ' ἀπενεχθέντα 7
ὑπὸ τῶν φυλάρχων οὔτε παραδοθέντα τοῖς συνδίκοις
οὔτε κατάστασιν παραλαβόντα. καίτοι
πᾶσι ῥᾴδιον τοῦτο γνῶναι, ὅτι ἀναγκαῖον ἦν τοῖς
φυλάρχοις, εἰ μὴ ἀποδείξειαν τοὺς ἔχοντας τὰς
καταστάσεις, αὐτοῖς ζημιοῦσθαι. ὥστε πολὺ ἂν
δικαιότερον ἐκείνοις τοῖς γράμμασιν ἢ τούτοις
πιστεύοιτε· ἐκ μὲν γὰρ τούτων ῥᾴδιον ἦν ἐξαλειφθῆναι
τῷ βουλομένῳ, ἐν ἐκείνοις δὲ τοὺς

ἱππεύσαντας ἀναγκαῖον ἦν ὑπὸ τῶν φυλάρχων
8 ἀπενεχθῆναι. ἔτι δέ, ὦ βουλή, εἴπερ ἵππευσα,
οὐκ ἂν ἦν ἔξαρνος ὡς δεινόν τι πεποιηκώς, ἀλλ᾽
ἠξίουν, ἀποδείξας ὡς οὐδεὶς ὑπ᾽ ἐμοῦ τῶν πολιτῶν
κακῶς πέπονθε, δοκιμάζεσθαι. ὁρῶ δὲ καὶ ὑμᾶς
ταύτῃ τῇ γνώμῃ χρωμένους, καὶ πολλοὺς μὲν τῶν
τότε ἱππευσάντων βουλεύοντας, πολλοὺς δ᾽ αὐτῶν
στρατηγοὺς καὶ ἱππάρχους κεχειροτονημένους.
ὥστε μηδὲν δι᾽ ἄλλο με ἡγεῖσθε ταύτην ποιεῖσθαι
τὴν ἀπολογίαν, ἢ ὅτι περιφανῶς ἐτόλμησάν μου
καταψεύσασθαι. Ἀνάβηθι δέ μοι καὶ μαρτύ-
ρησον.

ΜΑΡΤΥΡΙΑ.

9 Περὶ μὲν τοίνυν ταύτης τῆς αἰτίας οὐκ οἶδ᾽ ὅ τι
δεῖ πλείω λέγειν· δοκεῖ δέ μοι, ὦ βουλή, ἐν μὲν
τοῖς ἄλλοις ἀγῶσι περὶ αὐτῶν μόνων τῶν κατη-
γορημένων προσήκειν ἀπολογεῖσθαι, ἐν δὲ ταῖς
δοκιμασίαις δίκαιον εἶναι παντὸς τοῦ βίου λόγον
διδόναι. δέομαι οὖν ὑμῶν μετ᾽ εὐνοίας ἀκροά-
σασθαί μου. ποιήσομαι δὲ τὴν ἀπολογίαν ὡς
ἂν δύνωμαι διὰ βραχυτάτων.

10 Ἐγὼ γὰρ πρῶτον μὲν οὐσίας μοι οὐ πολλῆς
καταλειφθείσης διὰ τὰς συμφορὰς καὶ τὰς τοῦ
πατρὸς καὶ τὰς τῆς πόλεως, δύο μὲν ἀδελφὰς ἐξέ-
δωκα, ἐπιδοὺς τριάκοντα μνᾶς ἑκατέρᾳ, πρὸς τὸν
ἀδελφὸν δ᾽ οὕτως ἐνειμάμην ὥστ᾽ ἐκεῖνον πλέον
ὁμολογεῖν ἔχειν ἐμοῦ τῶν πατρῴων, καὶ πρὸς τοὺς
ἄλλους ἅπαντας οὕτω βεβίωκα ὥστε μηδεπώποτέ

μοι μηδὲ πρὸς ἕνα μηδὲν ἔγκλημα γενέσθαι. καὶ 11
τὰ μὲν ἴδια οὕτω διῴκηκα· περὶ δὲ τῶν κοινῶν μοι
μέγιστον ἡγοῦμαι τεκμήριον εἶναι τῆς ἐμῆς ἐπιει-
κείας, ὅτι τῶν νεωτέρων ὅσοι περὶ κύβους ἢ πότους
ἢ ἑτέρας τοιαύτας ἀκολασίας τυγχάνουσι τὰς δια-
τριβὰς ποιούμενοι, πάντας αὐτοὺς ὄψεσθέ μοι
διαφόρους ὄντας, καὶ πλεῖστα τούτους περὶ ἐμοῦ
λογοποιοῦντας καὶ ψευδομένους. καίτοι δῆλον ὅτι,
εἰ τῶν αὐτῶν ἐπεθυμοῦμεν, οὐκ ἂν τοιαύτην γνώ-
μην εἶχον περὶ ἐμοῦ. ἔτι δ', ὦ βουλή, οὐδεὶς ἂν 12
ἀποδεῖξαι περὶ ἐμοῦ δύναιτο οὔτε δίκην αἰσχρὰν
οὔτε γραφὴν οὔτε εἰσαγγελίαν γεγενημένην· καί-
τοι ἑτέρους ὁρᾶτε πολλάκις εἰς τοιούτους ἀγῶνας
καθεστηκότας. πρὸς τοίνυν τὰς στρατείας καὶ
τοὺς κινδύνους τοὺς πρὸς τοὺς πολεμίους σκέψασθε
οἷον ἐμαυτὸν παρέχω τῇ πόλει.) πρῶτον μὲν γάρ, 13
ὅτε τὴν συμμαχίαν ἐποιήσασθε πρὸς Βοιωτοὺς
καὶ εἰς Ἁλίαρτον ἔδει βοηθεῖν, ὑπὸ Ὀρθοβούλου
κατειλεγμένος ἱππεύειν, ἐπειδὴ πάντας ἑώρων τοῖς
μὲν ἱππεύουσιν ἀσφάλειαν εἶναι δεῖν νομίζοντας,
τοῖς δ' ὁπλίταις κίνδυνον ἡγουμένους, ἑτέρων ἀνα-
βάντων ἐπὶ τοὺς ἵππους ἀδοκιμάστων παρὰ τὸν
νόμον, ἐγὼ προσελθὼν ἔφην τῷ Ὀρθοβούλῳ ἐξα-
λεῖψαί με ἐκ τοῦ καταλόγου, ἡγούμενος αἰσχρὸν
εἶναι τοῦ πλήθους μέλλοντος κινδυνεύειν ἄδειαν
ἐμαυτῷ παρασκευάσαντα στρατεύεσθαι. Καί μοι
ἀνάβηθι, Ὀρθόβουλε.

ΜΑΡΤΥΡΙΑ.

14 Συλλεγέντων τοίνυν τῶν δημοτῶν πρὸ τῆς ἐξόδου, εἰδὼς αὐτῶν ἐνίους πολίτας μὲν χρηστοὺς ὄντας καὶ προθύμους, ἐφοδίων δὲ ἀποροῦντας, εἶπον ὅτι χρὴ τοὺς ἔχοντας παρέχειν τὰ ἐπιτήδεια τοῖς ἀπόρως διακειμένοις. καὶ οὐ μόνον τοῦτο συνεβούλευον τοῖς ἄλλοις, ἀλλὰ καὶ αὐτὸς ἔδωκα δυοῖν ἀνδροῖν τριάκοντα δραχμὰς ἑκατέρῳ, οὐχ ὡς πολλὰ κεκτημένος, ἀλλ' ἵνα παράδειγμα τοῦτο τοῖς ἄλλοις γένηται. Καί μοι ἀνάβητε.

ΜΑΡΤΥΡΕΣ.

15 Μετὰ ταῦτα τοίνυν, ὦ βουλή, εἰς Κόρινθον ἐξόδου γενομένης καὶ πάντων προειδότων ὅτι δεήσει κινδυνεύειν, ἑτέρων ἀναδυομένων ἐγὼ διεπραξάμην ὥστε τῆς πρώτης τεταγμένος μάχεσθαι τοῖς πολεμίοις· καὶ μάλιστα τῆς ἡμετέρας φυλῆς δυστυχησάσης, καὶ πλείστων ἐναποθανόντων, ὕστερος ἀνεχώρησα τοῦ σεμνοῦ Στειριῶς τοῦ πᾶσιν ἀνθρώ-
16 ποις δειλίαν ὠνειδικότος. καὶ οὐ πολλαῖς ἡμέραις ὕστερον μετὰ ταῦτα ἐν Κορίνθῳ χωρίων ἰσχυρῶν κατειλημμένων, ὥστε τοὺς πολεμίους μὴ δύνασθαι προσιέναι, Ἀγησιλάου δ' εἰς τὴν Βοιωτίαν ἐμβαλόντος, ψηφισαμένων τῶν ἀρχόντων ἀποχωρίσαι τάξεις αἵτινες βοηθήσουσι, φοβουμένων ἁπάντων (εἰκότως, ὦ βουλή· δεινὸν γὰρ ἦν ἀγαπητῶς ὀλίγῳ πρότερον σεσωσμένους ἐφ' ἕτερον κίνδυνον

ἰέναι) προσελθὼν ἐγὼ τὸν ταξίαρχον ἐκέλευον
ἀκληρωτὶ τὴν ἡμετέραν τάξιν πέμπειν. ὥστ᾽ εἴ
τινες ὑμῶν ὀργίζονται τοῖς τὰ μὲν τῆς πόλεως
ἀξιοῦσι πράττειν, ἐκ δὲ τῶν κινδύνων ἀποδιδρά-
σκουσιν, οὐκ ἂν δικαίως περὶ ἐμοῦ τὴν γνώμην
ταύτην ἔχοιεν· οὐ γὰρ μόνον τὰ προσταττόμενα
ἐποίουν προθύμως, ἀλλὰ καὶ κινδυνεύειν ἐτόλμων.
καὶ ταῦτ᾽ ἐποίουν οὐχ ὡς οὐ δεινὸν ἡγούμενος εἶναι
Λακεδαιμονίοις μάχεσθαι, ἀλλ᾽ ἵνα, εἴ ποτε ἀδίκως
εἰς κίνδυνον καθισταίμην, διὰ ταῦτα βελτίων ὑφ᾽
ὑμῶν νομιζόμενος ἁπάντων τῶν δικαίων τυγχά-
νοιμι. Καί μοι ἀνάβητε τούτων μάρτυρες.

ΜΑΡΤΥΡΕΣ.

Τῶν τοίνυν ἄλλων στρατειῶν καὶ φρουρῶν οὐδε-
μιᾶς ἀπελείφθην πώποτε, ἀλλὰ πάντα τὸν χρόνον
διατετέλεκα μετὰ τῶν πρώτων μὲν τὰς ἐξόδους
ποιούμενος, μετὰ τῶν τελευταίων δὲ ἀναχωρῶν.
καίτοι χρὴ τοὺς φιλοτίμως καὶ κοσμίως πολιτευο-
μένους ἐκ τῶν τοιούτων σκοπεῖν, ἀλλ᾽ οὐκ εἴ τις
κομᾷ, διὰ τοῦτο μισεῖν· τὰ μὲν γὰρ τοιαῦτα ἐπιτη-
δεύματα οὔτε τοὺς ἰδιώτας οὔτε τὸ κοινὸν τῆς
πόλεως βλάπτει, ἐκ δὲ τῶν κινδυνεύειν ἐθελόντων
πρὸς τοὺς πολεμίους ἅπαντες ὑμεῖς ὠφελεῖσθε.
ὥστε οὐκ ἄξιον ἀπ᾽ ὄψεως, ὦ βουλή, οὔτε φιλεῖν
οὔτε μισεῖν οὐδένα, ἀλλ᾽ ἐκ τῶν ἔργων σκοπεῖν·
πολλοὶ μὲν γὰρ μικρὸν διαλεγόμενοι καὶ κοσμίως
ἀμπεχόμενοι μεγάλων κακῶν αἴτιοι γεγόνασιν, ἕτε-

ροι δὲ τῶν τοιούτων ἀμελοῦντες πολλὰ κἀγαθὰ ὑμᾶς εἰσιν εἰργασμένοι.

20 Ἤδη δέ τινων ᾐσθόμην, ὦ βουλή, καὶ διὰ ταῦτα ἀχθομένων μοι, ὅτι νεώτερος ὢν ἐπεχείρησα λέγειν ἐν τῷ δήμῳ. ἐγὼ δὲ τὸ μὲν πρῶτον ἠναγκάσθην ὑπὲρ τῶν ἐμαυτοῦ πραγμάτων δημηγορῆσαι, ἔπειτα μέντοι καὶ ἐμαυτῷ δοκῶ φιλοτιμότερον διατεθῆναι τοῦ δέοντος, ἅμα μὲν τῶν προγόνων ἐνθυμούμενος, ὅτι οὐδὲν πέπαυνται τὰ τῆς πόλεως πράττοντες, 21 ἅμα δὲ ὑμᾶς ὁρῶν (τὰ γὰρ ἀληθῆ χρὴ λέγειν) τοὺς τοιούτους μόνους ἀξίους τινὸς νομίζοντας εἶναι, ὥστε ὁρῶν ὑμᾶς ταύτην τὴν γνώμην ἔχοντας τίς οὐκ ἂν ἐπαρθείη πράττειν καὶ λέγειν ὑπὲρ τῆς πόλεως; ἔτι δὲ τί ἂν τοῖς τοιούτοις ἄχθοισθε; οὐ γὰρ ἕτεροι περὶ αὐτῶν κριταί εἰσιν, ἀλλ' ὑμεῖς.

XVII.

ΠΕΡΙ ΤΩΝ ΕΡΑΤΩΝΟΣ ΧΡΗΜΑΤΩΝ.

ΠΡΟΣ ΤΟ ΔΗΜΟΣΙΟΝ.

Ἴσως τινὲς ὑμῶν, ὦ ἄνδρες δικασταί, διὰ τὸ βούλεσθαί με ἄξιον εἶναί τινος ἡγοῦνται καὶ εἰπεῖν ἂν μᾶλλον ἑτέρου δύνασθαι· ἐγὼ δὲ τοσούτου δέω περὶ τῶν μὴ προσηκόντων ἱκανὸς εἶναι λέγειν, ὥστε δέδοικα μὴ καὶ περὶ ὧν ἀναγκαῖόν μοί ἐστι λέγειν, ἀδύνατος ὦ τὰ δέοντα εἰπεῖν. οἴομαι μὲν οὖν, ἐὰν πάντα διηγήσωμαι τὰ πεπραγμένα ἡμῖν πρὸς Ἐράτωνα καὶ τοὺς ἐκείνου παῖδας, ῥᾳδίως ἐξ αὐτῶν ὑμᾶς εὑρήσειν ἃ προσήκει σκέψασθαι περὶ ταύτης τῆς διαδικασίας. ἐξ ἀρχῆς οὖν ἀκούσατε.

Ἐράτων ὁ Ἐρασιφῶντος πατὴρ ἐδανείσατο παρὰ 2 τοῦ ἐμοῦ πάππου τάλαντα δύο. ὅτι μὲν οὖν ἔλαβε τἀργύριον καὶ ὡς τοσοῦτόν γε ἐδεήθη δανεῖσαι, ὧν ἐναντίον ἐδόθη, μάρτυρας ὑμῖν παρέξομαι· ὡς δ' ἐχρήσατο αὐτῷ καὶ ὅσα ὠφελήθη, οἱ μᾶλλόν τε ἐμοῦ εἰδότες καὶ παραγεγενημένοι οἷς ἐκεῖνος ἔπραττε διηγήσονται ὑμῖν καὶ μαρτυρήσουσι. Καί μοι κάλει μάρτυρας.

ΜΑΡΤΥΡΕΣ.

Ἕως τοίνυν ὁ Ἐράτων ἔζη, τούς τε τόκους ἀπ- 3 ελάμβανον ἐγὼ καὶ τἆλλα τὰ συγκείμενα· ἐπειδὴ δὲ ἐτελεύτησε καταλιπὼν υοὺς τρεῖς, Ἐρασιφῶντα καὶ Ἐράτωνα καὶ Ἐρασίστρατον, οὗτοι οὐδὲν ἔτι ἡμῖν τῶν δικαίων ἐποίουν. ἐν μὲν οὖν τῷ πολέμῳ, διότι οὐκ ἦσαν δίκαι, οὐ δυνατοὶ ἦμεν παρ' αὐτῶν ἃ ὤφειλον πράξασθαι· ἐπειδὴ δὲ εἰρήνη ἐγένετο, ὅτε περ πρῶτον αἱ ἀστικαὶ δίκαι ἐδικάζοντο, λαχὼν ὁ πατὴρ παντὸς τοῦ συμβολαίου Ἐρασιστράτῳ, ὅσπερ μόνος τῶν ἀδελφῶν ἐπεδήμει, κατεδικάσατο ἐπὶ Ξεναινέτου ἄρχοντος. μάρτυρας δὲ καὶ τούτων παρέξομαι ὑμῖν. Καί μοι κάλει μάρτυρας.

ΜΑΡΤΥΡΕΣ.

4 Ὅτι μὲν τὰ Ἐράτωνος δικαίως ἂν ἡμέτερα εἴη, ἐκ τούτων ῥᾴδιον εἰδέναι, ὅτι δὲ πάντα δημεύεται, ἐξ αὐτῶν τῶν ἀπογραφῶν· τρεῖς γὰρ καὶ τέτταρες ἕκαστα ἀπογεγράφασι. καίτοι τοῦτό γε παντὶ εὔγνωστον, ὅτι οὐκ ἂν παρέλιπον, εἴ τι ἄλλο τῶν Ἐράτωνος οἷόν τε ἦν δημεύειν, πάντα τὰ Ἐράτωνος ἀπογράφοντες καὶ ἃ ἐγὼ πολὺν ἤδη χρόνον κέκτημαι. ὡς μὲν οὖν ἡμῖν οὐδ' ἑτέρωθεν εἰσπράξασθαι οἷόν τε, ἐὰν ὑμεῖς ταῦτα δημεύσητε, εὐγνω-
5 στόν μοι δοκεῖ εἶναι· ὡς δὲ τὴν ἀμφισβήτησιν ἐποιησάμην πρός τε ὑμᾶς καὶ τοὺς ἰδιώτας, ἔτι ἀκούσατε. ἕως μὲν γὰρ ἡμῖν οἱ Ἐρασιφῶντος οἰκεῖοι τούτων τῶν χρημάτων ἠμφισβήτουν, ἅπαντα ἠξίουν ἐμὰ εἶναι, διότι ὑπὲρ ἅπαντος τοῦ χρέους ἀντιδικῶν πρὸς τὸν πατέρα ὁ Ἐρασίστρατος ἡττήθη· καὶ τὰ μὲν Σφηττοῖ ἤδη τρία ἔτη

μεμίσθωκα, τῶν δὲ Κικυννοῖ καὶ τῆς οἰκίας ἐδικαζόμην τοῖς ἔχουσι. πέρυσι μὲν οὖν διεγράψαντό μου τὰς δίκας, ἔμποροι φάσκοντες εἶναι· νυνὶ δὲ λαχόντος ἐν τῷ Γαμηλιῶνι μηνὶ οἱ ναυτοδίκαι οὐκ ἐξεδίκασαν. ἐπειδὴ δ' ὑμῖν τὰ Ἐράτωνος δημεύειν 6 ἔδοξεν, ἀφεὶς τῇ πόλει τὰ δύο μέρη τὰ Ἐρασιστράτου ἀξιῶ μοι ψηφισθῆναι, διότι ταῦτά γε ἤδη καὶ πρότερον ἐγνώκατε ἡμέτερα εἶναι. ὡρισάμην οὖν ἐμαυτῷ τὸ τρίτον μέρος τῆς ἐκείνων οὐσίας οὐ τὴν ἀκρίβειαν ἐπισκεψάμενος, ἀλλὰ πολλῷ πλέον ἢ τὰ δύο μέρη τῷ δημοσίῳ ὑπολιπών. ῥᾴδιον δὲ 7 γνῶναι ἐκ τοῦ τιμήματος τοῦ ἐπιγεγραμμένου τοῖς χρήμασιν. ἅπαντα μὲν γὰρ πλείονος ἢ ταλάντου τετίμηνται, ὧν δ' ἐγὼ ἀμφισβητῶ τῷ μὲν πέντε μνᾶς τῷ δὲ χιλίας δραχμὰς ἐπεγραψάμην· καὶ εἰ πλείονος ἄξιά ἐστιν ἢ τοσούτου, ἀποκηρυχθέντων τὸ περιττὸν ἡ πόλις λήψεται. ἵνα οὖν εἰδῆτε ὅτι 8 ταῦτα ἀληθῆ ἐστι, μάρτυρας ὑμῖν παρέξομαι πρῶτον μὲν τοὺς μεμισθωμένους παρ' ἐμοῦ τὸ Σφηττοῖ χωρίον, ἔπειτα τοῦ Κικυννοῖ τοὺς γείτονας, οἳ ἴσασιν ἡμᾶς ἤδη τρία ἔτη ἀμφισβητοῦντας, ἔτι δὲ τούς τε πέρυσιν ἄρξαντας, πρὸς οὓς αἱ δίκαι ἐλήχθησαν, καὶ τοὺς νῦν ναυτοδίκας. ἀναγνωσθήσονται δὲ ὑμῖν καὶ αὐταὶ αἱ ἀπογραφαί· ἐκ τούτων 9 γὰρ μάλιστα γνώσεσθε ὅτι οὔτε νεωστὶ ταῦτα τὰ χρήματα ἀξιοῦμεν ἡμέτερα εἶναι, οὔτε νυνὶ τῷ δημοσίῳ πλειόνων ἀμφισβητοῦμεν ἢ τῷ ἔμπροσθεν χρόνῳ τοῖς ἰδιώταις. Καί μοι κάλει μάρτυρας.

ΜΑΡΤΥΡΕΣ.

10 Ὅτι μὲν οὖν, ὦ ἄνδρες δικασταί, οὐ παρὰ τὸ δίκαιον ἀξιῶ μοι ψηφίσασθαι τὸ διαδίκασμα, ἀλλ' αὐτὸς τῇ πόλει πολλὰ τῶν ἐμαυτοῦ ἀφεὶς τοῦτο ἀξιῶ μοι ἀποδοθῆναι, ἀποδέδεικται. ἤδη δέ μοι δοκεῖ δίκαιον εἶναι καὶ δεηθῆναι ὑμῶν τε καὶ τῶν συνδίκων ἐναντίον ὑμῶν.

XIX.

ΥΠΕΡ ΤΩΝ ΑΡΙΣΤΟΦΑΝΟΥΣ ΧΡΗΜΑΤΩΝ.

ΠΡΟΣ ΤΟ ΔΗΜΟΣΙΟΝ.

Πολλήν μοι ἀπορίαν παρέχει ὁ ἀγὼν οὑτοσί, ὦ ἄνδρες δικασταί, ὅταν ἐνθυμηθῶ ὅτι, ἐὰν ἐγὼ μὲν μὴ νῦν εὖ εἴπω, οὐ μόνον ἐγὼ ἀλλὰ καὶ ὁ πατὴρ δόξει ἄδικος εἶναι καὶ τῶν ὄντων ἁπάντων στερήσομαι. ἀνάγκη οὖν, εἰ καὶ μὴ δεινὸς πρὸς ταῦτα πέφυκα, βοηθεῖν τῷ πατρὶ καὶ ἐμαυτῷ οὕτως ὅπως ἂν δύνωμαι. τὴν μὲν οὖν παρασκευὴν καὶ τὴν 2 προθυμίαν τῶν ἐχθρῶν ὁρᾶτε, καὶ οὐδὲν δεῖ περὶ τούτων λέγειν· τὴν δ' ἐμὴν ἀπειρίαν πάντες ἴσασιν, ὅσοι ἐμὲ γιγνώσκουσιν. αἰτήσομαι οὖν ὑμᾶς δίκαια καὶ ῥᾴδια χαρίσασθαι, ἄνευ ὀργῆς καὶ ἡμῶν ἀκοῦσαι, ὥσπερ καὶ τῶν κατηγόρων. ἀνάγκη γὰρ τὸν ἀπολογούμενον, κἂν ἐξ ἴσου 3 ἀκροᾶσθε, ἔλαττον ἔχειν. οἱ μὲν γὰρ ἐκ πολλοῦ χρόνου ἐπιβουλεύοντες, αὐτοὶ ἄνευ κινδύνων ὄντες, τὴν κατηγορίαν ἐποιήσαντο, ἡμεῖς δὲ ἀγωνιζόμεθα μετὰ δέους καὶ διαβολῆς καὶ κινδύνου τοῦ μεγίστου. εἰκὸς οὖν ὑμᾶς εὔνοιαν πλείω ἔχειν τοῖς ἀπολογουμένοις. οἶμαι γὰρ πάντας ὑμᾶς εἰδέναι 4 ὅτι πολλοὶ ἤδη πολλὰ καὶ δεινὰ κατηγορήσαντες παραχρῆμα ἐξηλέγχθησαν ψευδόμενοι οὕτω φανε-

ρῶς, ὥστε ὑπὸ πάντων τῶν παραγενομένων μιση-
θέντες ἀπελθεῖν· οἳ δ᾽ αὖ μαρτυρήσαντες τὰ ψευδῆ
καὶ ἀδίκως ἀπολέσαντες ἀνθρώπους ἑάλωσαν ἡνίκα
5 οὐδὲν ἔτι ἦν πλέον τοῖς πεπονθόσιν. ὅτ᾽ οὖν τοι-
αῦτα πολλὰ γεγένηται, ὡς ἐγὼ ἀκούω, εἰκὸς ὑμᾶς,
ὦ ἄνδρες δικασταί, μήπω τοὺς τῶν κατηγόρων
λόγους ἡγεῖσθαι πιστούς, πρὶν ἂν καὶ ἡμεῖς εἴπω-
μεν. ἀκούω γὰρ ἔγωγε, καὶ ὑμῶν δὲ τοὺς πολλοὺς
οἶμαι εἰδέναι, ὅτι πάντων δεινότατόν ἐστι διαβολή.
6 μάλιστα δὲ τοῦτο ἔχοι ἄν τις ἰδεῖν, ὅταν πολλοὶ
ἐπὶ τῇ αὐτῇ αἰτίᾳ εἰς ἀγῶνα καταστῶσιν. ὡς γὰρ
ἐπὶ τὸ πολὺ οἱ τελευταῖοι κρινόμενοι σῴζονται·
πεπαυμένοι γὰρ τῆς ὀργῆς αὐτῶν ἀκροᾶσθε, καὶ
τοὺς ἐλέγχους ἤδη ἐθέλοντες ἀποδέχεσθε.

7 Ἐνθυμεῖσθε οὖν ὅτι Νικόφημος καὶ Ἀριστοφά-
νης ἄκριτοι ἀπέθανον, πρὶν παραγενέσθαι τινὰ
αὐτοῖς ἐλεγχομένοις ὡς ἠδίκουν. οὐδεὶς γὰρ οὐδ᾽
εἶδεν ἐκείνους μετὰ τὴν σύλληψιν· οὐδὲ γὰρ θάψαι
τὰ σώματ᾽ αὐτῶν ἀπέδωκαν, ἀλλ᾽ οὕτω δεινὴ ἡ
συμφορὰ γεγένηται ὥστε πρὸς τοῖς ἄλλοις καὶ
8 τούτου ἐστέρηνται. ἀλλὰ ταῦτα μὲν ἐάσω· οὐδὲν
γὰρ ἂν περαίνοιμι· πολὺ δὲ ἀθλιώτεροι δοκοῦσί
μοι εἶναι οἱ παῖδες οἱ Ἀριστοφάνους. οὐδένα γὰρ
οὔτ᾽ ἰδίᾳ οὔτε δημοσίᾳ ἠδικηκότες οὐ μόνον τὰ
πατρῷα ἀπολωλέκασι παρὰ τοὺς νόμους τοὺς ὑμε-
τέρους, ἀλλὰ καὶ ἡ ὑπόλοιπος ἐλπὶς ἦν, ὑπὸ τῶν
τοῦ πάππου ἐκτραφῆναι, οὕτως ἐν δεινῷ καθέ-
9 στηκεν. ἔτι δ᾽ ἡμεῖς ἐστερημένοι μὲν κηδεστῶν,

ἐστερημένοι δὲ τῆς προικός, παιδάρια δὲ τρία
ἠναγκασμένοι τρέφειν, προσέτι συκοφαντούμεθα,
καὶ κινδυνεύομεν περὶ ὧν οἱ πρόγονοι ἡμῖν κατέλι-
πον κτησάμενοι ἐκ τοῦ δικαίου. καίτοι, ὦ ἄνδρες
δικασταί, ὁ ἐμὸς πατὴρ ἐν ἅπαντι τῷ βίῳ πλείω
εἰς τὴν πόλιν ἀνήλωσεν ἢ εἰς αὑτὸν καὶ τοὺς οἰκεί-
ους, διπλάσια δὲ ἢ νῦν ἔστιν ἡμῖν, ὡς ἐγὼ λογι-
ζομένῳ αὐτῷ πολλάκις παρεγενόμην. μὴ οὖν 10
προκαταγιγνώσκετε ἀδικίαν τοῦ εἰς αὑτὸν μὲν
μικρὰ δαπανῶντος, ὑμῖν δὲ πολλὰ καθ᾽ ἕκαστον
τὸν ἐνιαυτόν, ἀλλ᾽ ὅσοι καὶ τὰ πατρῷα καὶ ἐάν τί
ποθεν λάβωσιν, εἰς τὰς αἰσχίστας ἡδονὰς εἰθισμέ-
νοι εἰσὶν ἀναλίσκειν. χαλεπὸν μὲν οὖν, ὦ ἄνδρες 11
δικασταί, ἀπολογεῖσθαι πρὸς δόξαν ἣν ἔνιοι ἔχουσι
περὶ τῆς Νικοφήμου οὐσίας, καὶ διὰ σπάνιν ἀργυ-
ρίου ἣ νῦν ἐστιν ἐν τῇ πόλει, καὶ τοῦ ἀγῶνος πρὸς
τὸ δημόσιον ὄντος· ὅμως δὲ καὶ τούτων ὑπαρ-
χόντων ῥᾳδίως γνώσεσθε ὅτι οὐκ ἀληθῆ ἐστι τὰ
κατηγορημένα. δέομαι δ᾽ ὑμῶν πάσῃ τέχνῃ καὶ
μηχανῇ μετ᾽ εὐνοίας ἀκροασαμένους ἡμῶν διὰ
τέλους, ὅ τι ἂν ὑμῖν ἄριστον καὶ εὐορκότατον νομί-
ζητε εἶναι, τοῦτο ψηφίσασθαι.

Πρῶτον μὲν οὖν, ᾧ τρόπῳ κηδεσταὶ ἡμῖν ἐγέ- 12
νοντο, διδάξω ὑμᾶς. στρατηγῶν γὰρ Κόνων περὶ
Πελοπόννησον, τριηραρχήσαντι τῷ ἐμῷ πατρὶ πά-
λαι φίλος γεγενημένος, ἐδεήθη δοῦναι τὴν ἐμὴν
ἀδελφὴν αἰτοῦντι τῷ ὑεῖ τῷ Νικοφήμου. ὁ δὲ 13
ὁρῶν αὐτοὺς ὑπ᾽ ἐκείνου τε πεπιστευμένους γεγονό-

τας γε ἐπιεικεῖς τῇ τε πόλει ἔν γε τῷ τότε χρόνῳ ἀρέσκοντας, ἐπείσθη δοῦναι, οὐκ εἰδὼς τὴν ἐσομένην διαβολήν, ἀλλ᾽ ὅτε καὶ ὑμῶν ὁστισοῦν ἂν ἐκείνοις ἠξίωσε κηδεστὴς γενέσθαι, ἐπεὶ ὅτι γε οὐ χρημάτων ἕνεκα, ῥᾴδιον γνῶναι ἐκ τοῦ βίου παντὸς
14 καὶ τῶν ἔργων τῶν τοῦ πατρός. ἐκεῖνος γὰρ ὅτ᾽ ἦν ἐν ἡλικίᾳ, παρὸν μετὰ πολλῶν χρημάτων γῆμαι ἄλλην, τὴν ἐμὴν μητέρα ἔλαβεν οὐδὲν ἐπιφερομένην, ὅτι δὲ Ξενοφῶντος ἦν θυγάτηρ τοῦ Εὐριπίδου ὑέος, ὃς οὐ μόνον ἰδίᾳ χρηστὸς ἐδόκει εἶναι, ἀλλὰ καὶ στρατηγεῖν αὐτὸν ἠξιώσατε, ὡς ἐγὼ ἀκούω.
15 τὰς τοίνυν ἐμὰς ἀδελφὰς ἐθελόντων τινῶν λαβεῖν ἀπροίκους πάνυ πλουσίων οὐκ ἔδωκεν, ὅτι ἐδόκουν κάκιον γεγονέναι, ἀλλὰ τὴν μὲν Φιλομήλῳ τῷ Παιανιεῖ, ὃν οἱ πολλοὶ βελτίω ἡγοῦνται εἶναι ἢ πλουσιώτερον, τὴν δὲ πένητι γεγενημένῳ οὐ διὰ κακίαν, ἀδελφιδῷ δ᾽ ὄντι, Φαίδρῳ τῷ Μυρρινουσίῳ, ἐπιδοὺς τετταράκοντα μνᾶς, κᾆτ᾽ Ἀριστοφάνει τὸ
16 ἴσον. πρὸς δὲ τούτοις ἐμοὶ πολλὴν ἐξὸν πάνυ προῖκα λαβεῖν ἐλάττω συνεβούλευσεν, ὥστε εὖ εἰδέναι ὅτι κηδεσταῖς χρησοίμην κοσμίοις καὶ σώφροσι. καὶ νῦν ἔχω γυναῖκα τὴν Κριτοδήμου θυγατέρα τοῦ Ἀλωπεκῆθεν, ὃς ὑπὸ Λακεδαιμονίων ἀπέθανεν, ὅτε ἡ ναυμαχία ἐγένετο ἡ ἐν Ἑλλη-
17 σπόντῳ. καίτοι, ὦ ἄνδρες δικασταί, ὅστις αὐτός τε ἄνευ χρημάτων ἔγημε τοῖν τε θυγατέροιν πολὺ ἀργύριον ἐπέδωκε τῷ τε ὑεῖ ὀλίγην προῖκα ἔλαβε,

πῶς οὐκ εἰκὸς περὶ τούτου πιστεύειν ὡς οὐχ ἕνεκα χρημάτων τούτοις κηδεστὴς ἐγένετο;

Ἀλλὰ μὴν ὅ γε Ἀριστοφάνης ἤδη ἔχων τὴν 18 γυναῖκα ὅτι πολλοῖς δὴ μᾶλλον ἐχρῆτο ἢ τῷ ἐμῷ πατρί, ῥᾴδιον γνῶναι. ἥ τε γὰρ ἡλικία πολὺ διάφορος, ἥ τε φύσις ἔτι πλέον· ἐκείνου μὲν γὰρ ἦν τὰ ἑαυτοῦ πράττειν, Ἀριστοφάνης δὲ οὐ μόνον τῶν ἰδίων ἀλλὰ καὶ τῶν κοινῶν ἐβούλετο ἐπιμελεῖσθαι, καὶ εἴ τι ἦν αὐτῷ ἀργύριον, ἀνήλωσεν ἐπιθυμῶν τιμᾶσθαι. γνώσεσθε δὲ ὅτι ἀληθῆ λέγω ἐξ αὐτῶν 19 ὧν ἐκεῖνος ἔπραττε. πρῶτον μὲν γὰρ βουλομένου Κόνωνος πέμπειν τινὰ εἰς Σικελίαν, ᾤχετο ὑποστὰς μετὰ Εὐνόμου, Διονυσίου φίλου ὄντος καὶ ξένου, τὸ πλῆθος τὸ ὑμέτερον πλεῖστα ἀγαθὰ πεποιηκότος, ὡς ἐγὼ ἀκήκοα τῶν ἐν Πειραιεῖ τῶν παραγενομένων. ἦσαν δ' ἐλπίδες τοῦ πλοῦ πεῖσαι 20 Διονύσιον κηδεστὴν μὲν γενέσθαι Εὐαγόρᾳ, πολέμιον δὲ Λακεδαιμονίοις, φίλον δὲ καὶ σύμμαχον τῇ πόλει τῇ ὑμετέρᾳ. καὶ ταῦτ' ἔπραττον πολλῶν κινδύνων ὑπαρχόντων πρὸς τὴν θάλατταν καὶ τοὺς πολεμίους, καὶ ἔπεισαν Διονύσιον μὴ πέμψαι τὰς τριήρεις ἃς τότε παρεσκευάσατο Λακεδαιμονίοις. μετὰ δὲ ταῦτα ἐπειδὴ οἱ πρέσβεις ἦκον ἐκ Κύπρου 21 ἐπὶ τὴν βοήθειαν, οὐδὲν ἐνέλιπε προθυμίας σπεύδων. ὑμεῖς δὲ δέκα τριήρεις αὐτοῖς ἔδοτε καὶ τἆλλα ἐψηφίσασθε, ἀργυρίου δ' εἰς τὸν ἀπόστολον ἠπόρουν. ὀλίγα μὲν γὰρ ἦλθον ἔχοντες χρήματα, πολλῶν δὲ προσεδεήθησαν· οὐ γὰρ μόνον εἰς τὰς

ναῦς, ἀλλὰ καὶ πελταστὰς ἐμισθώσαντο καὶ ὅπλα
22 ἐπρίαντο. Ἀριστοφάνης οὖν τῶν χρημάτων τὰ
μὲν πλεῖστα αὐτὸς παρέσχεν· ἐπειδὴ δὲ οὐχ ἱκανὰ
ἦν, τοὺς φίλους ἔπειθε δεόμενος καὶ ἐγγυώμενος,
καὶ τοῦ ἀδελφοῦ τοῦ ὁμοπατρίου ἀποκειμένας παρ᾽
αὐτῷ τετταράκοντα μνᾶς λαβὼν κατεχρήσατο. τῇ
δὲ προτεραίᾳ ᾗ ἀνήγετο, εἰσελθὼν ὡς τὸν πατέρα
τὸν ἐμὸν ἐκέλευσε χρῆσαι ὅ τι εἴη ἀργύριον.
προσδεῖν γὰρ ἔφη πρὸς τὸν μισθὸν τοῖς πελτα-
σταῖς. ἦσαν δ᾽ ἡμῖν ἔνδον ἑπτὰ μναῖ· ὃ δὲ καὶ
23 ταύτας λαβὼν κατεχρήσατο. τίνα γὰρ οἴεσθε, ὦ
ἄνδρες δικασταί, φιλότιμον μὲν ὄντα, ἐπιστολῶν δ᾽
αὐτῷ ἡκουσῶν παρὰ τοῦ πατρὸς μηδενὸς ἀπορή-
σειν ἐκεῖ, ᾑρημένον δὲ πρεσβευτὴν καὶ μέλλοντα
πλεῖν ὡς Εὐαγόραν, ὑπολιπέσθαι ἄν τι τῶν ὄντων,
ἀλλ᾽ οὐχ ἃ ἦν δυνατὸς πάντα παρασχόντα χαρί-
σασθαι ἐκείνῳ ἐφ᾽ ᾧ τε καὶ κομίσασθαι μὴ
ἐλάττω; ὡς τοίνυν ταῦτ᾽ ἐστὶν ἀληθῆ, κάλει μοι
Εὔνομον.

ΜΑΡΤΥΡΙΑ.

Κάλει μοι καὶ τοὺς ἄλλους μάρτυρας.

ΜΑΡΤΥΡΕΣ.

24 Τῶν μὲν μαρτύρων ἀκούετε, οὐ μόνον ὅτι ἔχρη-
σαν τὸ ἀργύριον ἐκείνου δεηθέντος, ἀλλὰ καὶ ὅτι
ἀπειλήφασιν· ἐκομίσθη γὰρ αὐτοῖς ἐπὶ τῆς τριή-
ρους.

Ῥᾴδιον μὲν οὖν ἐκ τῶν εἰρημένων γνῶναι ὅτι τοιούτων καιρῶν συμπεσόντων οὐδενὸς ἂν ἐφείσατο τῶν ἑαυτοῦ· ὃ δὲ μέγιστον τεκμήριον· Δη- 25 μος γὰρ ὁ Πυριλάμπους, τριηραρχῶν εἰς Κύπρον, ἐδεήθη μου προσελθόντ' αὐτῷ λέγειν ὅτι ἔλαβε μὲν σύμβολον παρὰ βασιλέως τοῦ μεγάλου φιάλην χρυσῆν, ὑποθήσει δὲ εὐθέως Ἀριστοφάνει λαβὼν ἑκκαίδεκα μνᾶς ἐπ' αὐτῇ, ἵν' ἔχοι ἀναλίσκειν εἰς τὴν τριηραρχίαν· ἐπειδὴ δὲ εἰς Κύπρον ἀφίκοιτο, λύσεσθαι ἀποδοὺς εἴκοσι μνᾶς· πολλῶν γὰρ χρημάτων καὶ ἄλλων ἀγαθῶν εὐπορήσειν διὰ τὸ σύμβολον ἐν πάσῃ τῇ ἠπείρῳ. Ἀριστο- 26 φάνης τοίνυν ἀκούων μὲν ταῦτα Δήμου, δεομένου δ' ἐμοῦ, μέλλων δ' ἄξειν τὸ χρυσίον, τέτταρας δὲ μνᾶς τόκον λήψεσθαι, οὐκ ἔφη εἶναι, ἀλλ' ὤμνυε καὶ προσδεδανεῖσθαι τοῖς ξένοις ἄλλοθεν, ἐπειδὴ ἥδιστ' ἂν ἀνθρώπων ἄγειν τε εὐθὺς ἐκεῖνο τὸ σύμβολον καὶ χαρίσασθαι ἡμῖν ἃ ἐδεόμεθα. ὡς δὲ 27 ταῦτ' ἐστὶν ἀληθῆ, μάρτυρας ὑμῖν παρέξομαι.

ΜΑΡΤΥΡΕΣ.

Ὅτι μὲν τοίνυν οὐ κατέλιπεν Ἀριστοφάνης ἀργύριον οὐδὲ χρυσίον, ῥᾴδιον γνῶναι ἐκ τῶν εἰρημένων καὶ μεμαρτυρημένων· χαλκώματα δὲ σύμμικτα οὐ πολλὰ ἐκέκτητο. ἀλλὰ καὶ ὅθ' εἱστία τοὺς παρ' Εὐαγόρου πρεσβεύοντας, αἰτησάμενος ἐχρήσατο. ἃ δὲ κατέλιπεν, ἀναγνώσεται ὑμῖν.

ΑΠΟΓΡΑΦΗ ΧΡΗΜΑΤΩΝ.

28 Ἴσως ἐνίοις ὑμῶν, ὦ ἄνδρες δικασταί, δοκεῖ ὀλίγα εἶναι· ἀλλ' ἐκεῖνο ἐνθυμεῖσθε, ὅτι Ἀριστοφάνει πρὶν τὴν ναυμαχίαν νικῆσαι Κόνωνα, γῆ μὲν
29 οὐκ ἦν ἀλλ' ἢ χωρίδιον μικρὸν Ῥαμνοῦντι. ἐν οὖν τέτταρσιν ἢ πέντε ἔτεσι, πρότερον μὴ ὑπαρχούσης οὐσίας, χαλεπόν, ὦ ἄνδρες δικασταί, τραγῳδοῖς τε δὶς χορηγῆσαι, ὑπὲρ αὐτοῦ τε καὶ τοῦ πατρός, καὶ τρία ἔτη συνεχῶς τριηραρχῆσαι, εἰσφοράς τε πολλὰς εἰσενηνοχέναι, οἰκίαν τε πεντήκοντα μνῶν πρίασθαι, γῆς τε πλέον ἢ τριακόσια πλέθρα κτήσασθαι· ἔτι δὲ πρὸς τούτοις οἴεσθε
30 χρῆναι ἔπιπλα πολλὰ καταλελοιπέναι; ἀλλ' οὐδ' οἱ πάλαι πλούσιοι δοκοῦντες εἶναι ἄξια λόγου ἔχοιεν ἂν ἐξενεγκεῖν· ἐνίοτε γὰρ οὐκ ἔστιν, οὐδ' ἐάν τις πάνυ ἐπιθυμῇ, πρίασθαι τοιαῦτα ἃ κτησαμένῳ εἰς τὸν λοιπὸν χρόνον ἡδονὴν ἂν παρέχοι.
31 ἀλλὰ τόδε σκοπεῖτε. τῶν ἄλλων ὅσων ἐδημεύσατε τὰ χρήματα, οὐχ ὅπως σκεύη ἀπέδοσθε, ἀλλὰ καὶ αἱ θύραι ἀπὸ τῶν οἰκημάτων ἀφηρπάσθησαν· ἡμεῖς δὲ ἤδη δεδημευμένων καὶ ἐξεληλυθυίας τῆς ἐμῆς ἀδελφῆς φύλακα κατεστήσαμεν ἐν τῇ ἐρήμῃ οἰκίᾳ, ἵνα μήτε θυρώματα μήτε ἀγγεῖα μήτε ἄλλο μηδὲν ἀπόλοιτο. ἔπιπλα δὲ ἀπεφαίνετο πλέον ἢ χιλίων δραχμῶν, ὅσα οὐδενὸς πώποτ' ἐλάβετε.
32 πρὸς δὲ τούτοις καὶ πρότερον πρὸς τοὺς συνδίκους καὶ νῦν ἐθέλομεν πίστιν δοῦναι, ἥτις ἐστὶ μεγίστη

τοῖς ἀνθρώποις, μὴ ἔχειν τῶν Ἀριστοφάνους χρημάτων μηδέν, ἐνοφείλεσθαι δὲ τὴν προῖκα τῆς ἀδελφῆς καὶ τὰς ἑπτὰ μνᾶς, ἃς ᾤχετο λαβὼν παρὰ τοῦ πατρὸς τοῦ ἐμοῦ. πῶς ἂν οὖν εἶεν ἄνθρωποι 33 ἀθλιώτεροι ἡμῶν, εἰ τὰ ἡμέτερ' αὐτῶν ἀπολωλεκότες δοκοῖμεν τἀκείνων ἔχειν; ὃ δὲ πάντων δεινότατον, τὴν ἀδελφὴν ὑποδέξασθαι παιδία ἔχουσαν πολλά, καὶ ταῦτα τρέφειν, μηδ' αὐτοὺς ἔχοντας μηδέν, ἐὰν ὑμεῖς τὰ ὄντ' ἀφέλησθε. φέρε πρὸς 34 θεῶν Ὀλυμπίων· (οὕτω γὰρ σκοπεῖτε, ὦ ἄνδρες δικασταί) εἴ τις ὑμῶν ἔτυχε δοὺς Τιμοθέῳ τῷ Κόνωνος τὴν θυγατέρα ἢ τὴν ἀδελφήν, καὶ ἐκείνου ἀποδημήσαντος καὶ ἐν διαβολῇ γενομένου ἐδημεύθη ἡ οὐσία, καὶ μὴ ἐγένετο τῇ πόλει πραθέντων ἁπάντων τέτταρα τάλαντα ἀργυρίου, διὰ τοῦτο ἠξιοῦτε ἂν τοὺς κηδεστὰς τοὺς ἐκείνου καὶ τοὺς προσήκοντας ἀπολέσθαι, ὅτι οὐδὲ πολλοστὸν μέρος τῆς δόξης τῆς παρ' ὑμῖν ἐφάνη τὰ χρήματα; ἀλλὰ μὴν τοῦτό γε πάντες ἐπίστασθε, Κόνωνα μὲν ἄρχοντα, Νικόφημον δὲ ποιοῦντα ὅ τι 35 ἐκεῖνος προστάττοι. τῶν οὖν ὠφελειῶν Κόνωνα εἰκὸς πολλοστὸν μέρος ἄλλῳ τινὶ μεταδιδόναι, ὥστ' εἰ οἴονται πολλὰ γενέσθαι Νικοφήμῳ, ὁμολογήσειαν ἂν τὰ Κόνωνος εἶναι πλέον ἢ δεκαπλάσια. ἔτι δὲ φαίνονται οὐδὲν πώποτε διενεχθέντες, ὥστε 36 εἰκὸς καὶ περὶ τῶν χρημάτων ταῦτα γνῶναι, ἱκανὰ μὲν ἐνθάδε τῷ ὑεῖ ἑκάτερον καταλιπεῖν, τὰ δὲ ἄλλα παρ' αὑτοῖς ἔχειν· ἦν γὰρ Κόνωνι μὲν υὸς ἐν

Κύπρῳ καὶ γυνή, Νικοφήμῳ δὲ γυνὴ καὶ θυγάτηρ, ἡγοῦντο δὲ καὶ τὰ ἐκεῖ ὁμοίως σφίσιν εἶναι σᾶ ὥσπερ καὶ τὰ ἐνθάδε. πρὸς δὲ τούτοις ἐνθυμεῖσθε ὅτι καὶ εἴ τις μὴ κτησάμενος ἀλλὰ παρὰ τοῦ πατρὸς παραλαβὼν τοῖς παισὶ διένειμεν, οὐκ ἐλάχιστα ἂν αὐτῷ ὑπέλιπε· βούλονται γὰρ πάντες ὑπὸ τῶν παίδων θεραπεύεσθαι ἔχοντες χρήματα μᾶλλον ἢ ἐκείνων δεῖσθαι ἀποροῦντες. νῦν τοίνυν εἰ δημεύσαιτε τὰ τοῦ Τιμοθέου, — ὃ μὴ γένοιτο, εἰ μή τι μέλλει μέγα κακὸν ἔσεσθαι τῇ πόλει—, ἐλάττω τε δὴ ἐξ αὐτῶν λάβοιτ' ἢ ἃ ἐκ τῶν Ἀριστοφάνους γεγένηται, τούτου ἕνεκα ἂν ἠξιοῦτε τοὺς ἀναγκαίους τοὺς ἐκείνου τὰ σφέτερ' αὐτῶν ἀπολέσαι; ἀλλ' οὐκ εἰκός, ὦ ἄνδρες δικασταί· ὁ γὰρ Κόνωνος θάνατος καὶ αἱ διαθῆκαι, ἃς διέθετο ἐν Κύπρῳ, σαφῶς ἐδήλωσαν ὅτι πολλοστὸν μέρος ἦν τὰ χρήματα ὧν ὑμεῖς προσεδοκᾶτε· τῇ μὲν γὰρ Ἀθηνᾷ καθιέρωσεν εἰς ἀναθήματα καὶ τῷ Ἀπόλλωνι εἰς Δελφοὺς πεντακισχιλίους στατῆρας· τῷ δὲ ἀδελφιδῷ τῷ ἑαυτοῦ, ὃς ἐφύλαττεν αὐτῷ καὶ ἐταμίευε πάντα τὰ ἐν Κύπρῳ, ἔδωκεν ὡς μυρίας δραχμάς, τῷ δὲ ἀδελφῷ τρία τάλαντα· τὰ δὲ λοιπὰ τῷ ὑεῖ κατέλιπε, τάλαντα ἑπτακαίδεκα. τούτων δὲ κεφάλαιον γίγνεται περὶ τετταράκοντα τάλαντα. καὶ οὐδενὶ οἷόν τε εἰπεῖν ὅτι διηρπάσθη ἢ ὡς οὐ δικαίως ἀπεφάνθη· αὐτὸς γὰρ ἐν τῇ νόσῳ ὢν εὖ φρονῶν διέθετο. Καί μοι κάλει τούτων μάρτυρας.

ΜΑΡΤΥΡΕΣ.

Ἀλλὰ μὴν ὁστισοῦν, ὦ ἄνδρες δικασταί, πρὶν ἀμφότερα δῆλα γενέσθαι, πολλοστὸν μέρος τὰ Νικοφήμου τῶν Κόνωνος χρημάτων ᾠήθη ἂν εἶναι. Ἀριστοφάνης τοίνυν γῆν μὲν καὶ οἰκίαν ἐκτήσατο πλέον ἢ πέντε ταλάντων, κατεχορήγησε δὲ ὑπὲρ αὑτοῦ καὶ τοῦ πατρὸς πεντακισχιλίας δραχμάς, τριηραρχῶν δὲ ἀνήλωσεν ὀγδοήκοντα μνᾶς. εἰσενήνεκται δὲ ὑπὲρ ἀμφοτέρων οὐκ ἔλαττον μνῶν τετταράκοντα. εἰς δὲ τὸν ἐπὶ Σικελίας πλοῦν ἀνήλωσεν ἑκατὸν μνᾶς. εἰς δὲ τὸν ἀπόστολον τῶν τριήρων, ὅτε οἱ Κύπριοι ἦλθον καὶ ἔδοτε αὐτοῖς τὰς δέκα ναῦς, καὶ τῶν πελταστῶν τὴν μίσθωσιν καὶ τῶν ὅπλων τὴν ὠνὴν παρέσχε τρισμυρίας δραχμάς. καὶ τούτων κεφάλαιον πάντων γίγνεται μικροῦ λείποντος πεντεκαίδεκα τάλαντα. ὥστε οὐκ ἂν εἰκότως ἡμᾶς αἰτιάσαισθε, ἐπεὶ τῶν Κόνωνος, τῶν ὁμολογουμένων δικαίως ἀποφανθῆναι ὑπ' αὐτοῦ ἐκείνου, πολλαπλασίων δοκούντων πλέον ἢ τρίτον μέρος φαίνεται τὰ Ἀριστοφάνους. καὶ οὐ προσλογιζόμεθα ὅσα αὐτὸς ἐν Κύπρῳ ἔσχε Νικόφημος, οὔσης αὐτῷ ἐκεῖ γυναικὸς καὶ θυγατρός.

Ἐγὼ μὲν οὖν οὐκ ἀξιῶ, ὦ ἄνδρες δικασταί, οὕτω πολλὰ καὶ μεγάλα τεκμήρια παρασχομένους ἡμᾶς ἀπολέσθαι ἀδίκως. ἀκήκοα γὰρ ἔγωγε καὶ τοῦ πατρὸς καὶ ἄλλων πρεσβυτέρων, ὅτι οὐ νῦν μόνον ἀλλὰ καὶ ἐν τῷ ἔμπροσθεν χρόνῳ πολλῶν ἐψεύ-

σθητε της οὐσίας, οἳ ζῶντες μὲν πλουτεῖν ἐδόκουν,
ἀποθανόντες δὲ πολὺ παρὰ τὴν δόξαν τὴν ὑμετέραν
46 ἐφάνησαν. αὐτίκα Ἰσχομάχῳ, ἕως ἔζη, πάντες
ᾤοντο εἶναι πλέον ἢ ἑβδομήκοντα τάλαντα, ὡς ἐγὼ
ἀκούω· ἐνειμάσθην δὲ τὼ ὑεῖ οὐδὲ δέκα τάλαντα
ἑκάτερος ἀποθανόντος. Στεφάνῳ δὲ τῷ Θάλλου
ἐλέγετο εἶναι πλέον ἢ πεντήκοντα τάλαντα, ἀποθα-
47 νόντος δ᾽ ἡ οὐσία ἐφάνη περὶ ἕνδεκα τάλαντα. ὁ
τοίνυν Νικίου οἶκος προσεδοκᾶτο εἶναι οὐκ ἔλαττον
ἢ ἑκατὸν ταλάντων, καὶ τούτων τὰ πολλὰ ἔνδον
εἶναι· Νικήρατος δὲ ὅτ᾽ ἀπέθνῃσκεν, ἀργύριον μὲν
ἢ χρυσίον οὐδ᾽ αὐτὸς ἔφη καταλείπειν οὐδέν, ἀλλὰ
τὴν οὐσίαν ἣν κατέλιπε τῷ ὑεῖ, οὐ πλείονος ἀξία
48 ἐστὶν ἢ τεττάρων καὶ δέκα ταλάντων. Καλλίας
τοίνυν ὁ Ἱππονίκου, ὅτε νεωστὶ ἐτεθνήκει ὁ πατήρ,
πλεῖστα τῶν Ἑλλήνων ἐδόκει κεκτῆσθαι, καὶ ὥς
φασι, διακοσίων ταλάντων ἐτιμήσατο τὰ αὑτοῦ ὁ
πάππος· τὸ δὲ τούτου νῦν τίμημα οὐδὲ δυοῖν
ταλάντοιν ἐστί. Κλεοφῶντα δὲ πάντες ἴστε, ὅτι
πολλὰ ἔτη διεχείρισε τὰ τῆς πόλεως πάντα καὶ
προσεδοκᾶτο πάνυ πολλὰ ἐκ τῆς ἀρχῆς ἔχειν·
ἀποθανόντος δ᾽ αὐτοῦ οὐδαμοῦ δῆλα τὰ χρήματα,
ἀλλὰ καὶ οἱ προσήκοντες καὶ οἱ κηδεσταί, παρ᾽ οἷς
49 ἂν κατέλιπεν, ὁμολογουμένως πένητές εἰσι. φαι-
νόμεθα οὖν καὶ τῶν ἀρχαιοπλούτων πολὺ ἐψευσμέ-
νοι καὶ τῶν νεωστὶ ἐν δόξῃ γεγενημένων. αἴτιον
δέ μοι δοκεῖ εἶναι, ὅτι ῥᾳδίως τινὲς τολμῶσι λέγειν
ὡς ὁ δεῖνα ἔχει τάλαντα πολλὰ ἐκ τῆς ἀρχῆς.

καὶ ὅσα μὲν περὶ τεθνεώτων λέγουσιν, οὐ πάνυ θαυμάζω (οὐ γὰρ ὑπό γε ἐκείνων ἐξελεγχθεῖεν ἄν), ἀλλ' ὅσα ζώντων ἐπιχειροῦσι καταψεύδεσθαι. αὐτοὶ γὰρ ἔναγχος ἠκούετε ἐν τῇ ἐκκλησίᾳ, ὡς Διότιμος ἔχοι τάλαντα τετταράκοντα πλείω ἢ ὅσα αὐτὸς ὡμολόγει παρὰ τῶν ναυκλήρων καὶ ἐμπόρων· καὶ ταῦτα, ἐπειδὴ ἦλθεν, ἐκείνου ἀπογράφοντος καὶ χαλεπῶς φέροντος ὅτι ἀπὼν διεβάλλετο, οὐδεὶς ἐξήλεγξε, δεομένης μὲν τῆς πόλεως χρημάτων, ἐθέλοντος δὲ ἐκείνου λογίσασθαι. ἐνθυμεῖσθε τοίνυν οἷον ἂν ἐγένετο, εἰ Ἀθηναίων ἁπάντων ἀκηκοότων ὅτι τετταράκοντα τάλαντα ἔχοι Διότιμος, εἶτα ἔπαθέ τι πρὶν καταπλεῦσαι δεῦρο. οὐχ οἱ προσήκοντες ἂν αὐτοῦ ἐν κινδύνῳ ἦσαν τῷ μεγίστῳ, εἰ ἔδει αὐτοὺς πρὸς τοσαύτην διαβολὴν ἀπολογεῖσθαι, μὴ εἰδότας μηδὲν τῶν πεπραγμένων; αἴτιοι οὖν εἰσι καὶ ὑμῖν πολλῶν ἤδη ψευσθῆναι καὶ δὴ ἀδίκως γέ τινας ἀπολέσθαι οἱ ῥᾳδίως τολμῶντες ψεύδεσθαι καὶ συκοφαντεῖν ἀνθρώπους ἐπιθυμοῦντες. ἔπειτ' οἴομαι ὑμᾶς εἰδέναι ὅτι Ἀλκιβιάδης τέτταρα ἢ πέντε ἔτη ἐφεξῆς ἐστρατήγει ἐπικρατῶν καὶ νενικηκὼς Λακεδαιμονίους, καὶ διπλάσια ἐκείνῳ ἠξίουν αἱ πόλεις διδόναι ἢ ἄλλῳ τινὶ τῶν στρατηγῶν, ὥστ' ᾤοντο εἶναί τινες αὐτῷ πλέον ἢ ἑκατὸν τάλαντα. ὁ δ' ἀποθανὼν ἐδήλωσεν ὅτι οὐκ ἀληθῆ ταῦτα ἦν· ἐλάττω γὰρ οὐσίαν κατέλιπε τοῖς παισὶν ἢ αὐτὸς παρὰ τῶν ἐπιτροπευσάντων παρέλαβεν.

Ὅτι μὲν οὖν καὶ ἐν τῷ ἔμπροσθεν χρόνῳ τοι-

αὐτα ἐγίγνετο, ῥᾴδιον γνῶναι· φασὶ δὲ καὶ τοὺς
ἀρίστους καὶ σοφωτάτους μάλιστα ἐθέλειν μετα-
γιγνώσκειν. εἰ οὖν δοκοῦμεν εἰκότα λέγειν καὶ
ἱκανὰ τεκμήρια παρέχεσθαι, ὦ ἄνδρες δικασταί,
πάσῃ τέχνῃ καὶ μηχανῇ ἐλεήσατε, ὡς ἡμεῖς τῆς
μὲν διαβολῆς οὕτω μεγάλης οὔσης ἀεὶ προσεδο-
κῶμεν κρατήσειν μετὰ τοῦ ἀληθοῦς· ὑμῶν δὲ
μηδενὶ τρόπῳ ἐθελησάντων πεισθῆναι οὐδ' ἐλπὶς
54 οὐδεμία σωτηρίας ἐδόκει ἡμῖν εἶναι. ἀλλὰ πρὸς
θεῶν Ὀλυμπίων, ὦ ἄνδρες δικασταί, βούλεσθε
ἡμᾶς δικαίως σῶσαι μᾶλλον ἢ ἀδίκως ἀπολέσαι,
καὶ πιστεύετε τούτοις ἀληθῆ λέγειν, οἳ ἂν καὶ σιω-
πῶντες ἐν ἅπαντι τῷ βίῳ παρέχωσι σώφρονας
σφᾶς αὐτοὺς καὶ δικαίους.

55 Περὶ μὲν οὖν αὐτῆς τῆς γραφῆς ἀκηκόατε καὶ
μεμαρτύρηται ὑμῖν· περὶ δ' ἐμαυτοῦ βραχέα βού-
λομαι ὑμῖν εἰπεῖν. ἐγὼ γὰρ ἔτη γεγονὼς ἤδη
τριάκοντα οὔτε τῷ πατρὶ οὐδὲν πώποτε ἀντεῖπον,
οὔτε τῶν πολιτῶν οὐδείς μοι ἐνεκάλεσεν, ἐγγύς τε
οἰκῶν τῆς ἀγορᾶς οὐδὲ πρὸς δικαστηρίῳ οὐδὲ πρὸς
βουλευτηρίῳ ὤφθην οὐδεπώποτε, πρὶν ταύτην τὴν
56 συμφορὰν γενέσθαι. περὶ μὲν οὖν ἐμαυτοῦ το-
σαῦτα λέγω, περὶ δὲ τοῦ πατρός, ἐπειδὴ ὥσπερ
ἀδικοῦντος αἱ κατηγορίαι γεγένηνται, συγγνώμην
ἔχετε, ἐὰν λέγω ἃ ἀνήλωσεν εἰς τὴν πόλιν καὶ
εἰς τοὺς φίλους· οὐ γὰρ φιλοτιμίας ἕνεκεν ἀλλὰ
τεκμήριον ποιούμενος ὅτι οὐ τοῦ αὐτοῦ ἐστιν ἀν-
δρὸς ἄνευ ἀνάγκης τε πολλὰ ἀναλίσκειν καὶ μετὰ

κινδύνου τοῦ μεγίστου ἐπιθυμῆσαι ἔχειν τι τῶν κοινῶν. εἰσὶ δέ τινες οἱ προαναλίσκοντες μόνου 57 τούτου ἕνεκεν, ἵνα ἄρχειν ὑφ᾽ ὑμῶν ἀξιωθέντες διπλάσια κομίσωνται. ὁ τοίνυν ἐμὸς πατὴρ ἄρχειν μὲν οὐδεπώποτε ἐπεθύμησε, τὰς δὲ χορηγίας ἁπάσας κεχορήγηκε, τετριηράρχηκε δὲ ἑπτάκις, εἰσφορὰς δὲ πολλὰς καὶ μεγάλας εἰσενήνοχεν. ἵνα δὲ εἰδῆτε καὶ ὑμεῖς, καὶ καθ᾽ ἑκάστην ἀναγνώσεται.

ΛΗΙΤΟΥΡΓΙΑΙ.

Ἀκούετε, ὦ ἄνδρες δικασταί, τὸ πλῆθος. πεντή- 58 κοντα γὰρ ἔτη ἐστὶν ὅσα ὁ πατὴρ καὶ τοῖς χρήμασι καὶ τῷ σώματι τῇ πόλει ἐλῃτούργει. ἐν οὖν τοσούτῳ χρόνῳ δοκοῦντά τι ἐξ ἀρχῆς ἔχειν οὐδεμίαν εἰκὸς δαπάνην πεφευγέναι. ὅμως δὲ καὶ μάρτυρας ὑμῖν παρέξομαι.

ΜΑΡΤΥΡΕΣ.

Τούτων συμπάντων κεφάλαιόν ἐστιν ἐννέα τά- 59 λαντα καὶ δισχίλιαι δραχμαί. ἔτι τοίνυν καὶ ἰδίᾳ τισὶ τῶν πολιτῶν ἀποροῦσι συνεξέδωκε θυγατέρας καὶ ἀδελφάς, τοὺς δ᾽ ἐλύσατο ἐκ τῶν πολεμίων, τοῖς δ᾽ εἰς ταφὴν παρέσχεν ἀργύριον. καὶ ταῦτ᾽ ἐποίει ἡγούμενος εἶναι ἀνδρὸς ἀγαθοῦ ὠφελεῖν τοὺς φίλους, καὶ εἰ μηδεὶς μέλλοι εἴσεσθαι· νῦν δὲ πρέπον ἐστὶ καὶ ὑμᾶς ἀκοῦσαι μαρτύρων. Καί μοι κάλει τὸν καὶ τόν.

ΜΑΡΤΥΡΕΣ.

60 Τῶν μὲν οὖν μαρτύρων ἀκηκόατε· ἐνθυμεῖσθε δὲ ὅτι ὀλίγον μὲν χρόνον δύναιτ' ἄν τις πλάσασθαι τὸν τρόπον τὸν αὑτοῦ, ἐν ἑβδομήκοντα δὲ ἔτεσιν οὐδ' ἂν εἷς λάθοι πονηρὸς ὤν. τῷ τοίνυν πατρὶ τῷ ἐμῷ ἄλλα μὲν ἄν τις ἔχοι ἐπικαλέσαι ἴσως, εἰς χρήματα δὲ οὐδεὶς οὐδὲ τῶν ἐχθρῶν ἐτόλμησε 61 πώποτε. οὔκουν ἄξιον τοῖς τῶν κατηγόρων λόγοις πιστεῦσαι μᾶλλον ἢ τοῖς ἔργοις, ἃ ἐπράχθη ἐν ἅπαντι τῷ βίῳ, καὶ τῷ χρόνῳ, ὃν ὑμεῖς σαφέστατον ἔλεγχον τοῦ ἀληθοῦς νομίσατε. εἰ γὰρ μὴ ἦν τοιοῦτος, οὐκ ἂν ἐκ πολλῶν ὀλίγα κατέλιπεν, ἐπεὶ εἰ νῦν γε ἐξαπατηθείητε ὑπὸ τούτων καὶ δημεύσαιθ' ἡμῶν τὴν οὐσίαν, οὐδὲ δύο τάλαντα λάβοιτ' ἄν. ὥστε οὐ μόνον πρὸς δόξαν ἀλλὰ καὶ εἰς χρημάτων λόγον λυσιτελεῖ μᾶλλον ὑμῖν ἀποψηφίσασθαι· πολὺ γὰρ πλείω ὠφεληθήσεσθε, ἐὰν ἡμεῖς 62 ἔχωμεν. σκοπεῖτε δὲ ἐκ τοῦ παρεληλυθότος χρόνου, ὅσα φαίνεται ἀνηλωμένα εἰς τὴν πόλιν· καὶ νῦν ἀπὸ τῶν ὑπολοίπων τριηραρχῶ μὲν ἐγώ, τριηραρχῶν δὲ ὁ πατὴρ ἀπέθανεν, πειράσομαι δ', ὥσπερ κἀκεῖνον ἑώρων, ὀλίγα κατὰ μικρὸν παρασκευάσασθαι εἰς τὰς κοινὰς ὠφελείας. ὥστε τῷ γ' ἔργῳ πάλιν τῆς πόλεως ταῦτ' ἔσται, καὶ οὔτ' ἐγὼ ἀφῃρημένος ἀδικεῖσθαι οἰήσομαι, ὑμῖν τε 63 πλείους οὕτως αἱ ὠφέλειαι ἢ εἰ δημεύσαιτε. πρὸς δὲ τούτοις ἄξιον ἐνθυμηθῆναι οἵαν φύσιν εἶχεν ὁ

πατήρ. ὅσα γὰρ ἔξω τῶν ἀναγκαίων ἐπεθύμησεν ἀναλίσκειν, πάντα φανήσεται τοιαῦτα ὅθεν καὶ τῇ πόλει τιμὴ ἔμελλεν ἔσεσθαι. αὐτίκα ὅτε ἵππευεν, οὐ μόνον ἵππους ἐκτήσατο λαμπροὺς ἀλλὰ καὶ ἀθλητάς, καὶ ἐνίκησεν Ἰσθμοῖ καὶ Νεμέᾳ, ὥστε τὴν πόλιν κηρυχθῆναι καὶ αὐτὸν στεφανωθῆναι. δέομαι οὖν ὑμῶν, ὦ ἄνδρες δικασταί, καὶ τούτων καὶ τῶν ἄλλων μεμνημένους ἁπάντων τῶν εἰρημένων βοηθεῖν ἡμῖν καὶ μὴ περιιδεῖν ὑπὸ τῶν ἐχθρῶν ἀναιρεθέντας. καὶ ταῦτα ποιοῦντες τά τε δίκαια ψηφιεῖσθε καὶ ὑμῖν αὐτοῖς τὰ συμφέροντα.

XXII.

ΚΑΤΑ ΤΩΝ ΣΙΤΟΠΩΛΩΝ.

Πολλοί μοι προσεληλύθασιν, ὦ ἄνδρες δικασταί, θαυμάζοντες ὅτε ἐγὼ τῶν σιτοπωλῶν ἐν τῇ βουλῇ κατηγόρουν, καὶ λέγοντες ὅτι ὑμεῖς, εἰ ὡς μάλιστα αὐτοὺς ἀδικεῖν ἡγεῖσθε, οὐδὲν ἧττον καὶ τοὺς περὶ τούτων ποιουμένους λόγους συκοφαντεῖν νομίζετε. ὅθεν οὖν ἠνάγκασμαι κατηγορεῖν αὐτῶν, περὶ τούτων πρῶτον εἰπεῖν βούλομαι.

2 Ἐπειδὴ γὰρ οἱ πρυτάνεις ἀπέδοσαν εἰς τὴν βουλὴν περὶ αὐτῶν, οὕτως ὠργίσθησαν αὐτοῖς, ὥστε ἔλεγόν τινες τῶν ῥητόρων ὡς ἀκρίτους αὐτοὺς χρὴ τοῖς ἕνδεκα παραδοῦναι θανάτῳ ζημιῶσαι. ἡγούμενος δὲ ἐγὼ δεινὸν εἶναι τοιαῦτα ἐθίζεσθαι ποιεῖν τὴν βουλήν, ἀναστὰς εἶπον ὅτι μοι δοκοίη κρίνειν τοὺς σιτοπώλας κατὰ τὸν νόμον, νομίζων, εἰ μέν εἰσιν ἄξια θανάτου εἰργασμένοι, ὑμᾶς οὐδὲν ἧττον ἡμῶν γνώσεσθαι τὰ δίκαια, εἰ δὲ μηδὲν ἀδικοῦσιν,
3 οὐ δεῖν αὐτοὺς ἀκρίτους ἀπολωλέναι. πεισθείσης δὲ τῆς βουλῆς ταῦτα, διαβάλλειν ἐπεχείρουν με λέγοντες ὡς ἐγὼ σωτηρίας ἕνεκα τῆς τῶν σιτοπωλῶν τοὺς λόγους τούτους ἐποιούμην. πρὸς μὲν οὖν τὴν βουλήν, ὅτ᾿ ἦν αὐτοῖς ἡ κρίσις, ἔργῳ ἀπελογησάμην· τῶν γὰρ ἄλλων ἡσυχίαν ἀγόντων

ἀναστὰς αὐτῶν κατηγόρουν, καὶ πᾶσι φανερὸν
ἐποίησα ὅτι οὐχ ὑπὲρ τούτων ἔλεγον, ἀλλὰ τοῖς
νόμοις τοῖς κειμένοις ἐβοήθουν. ἠρξάμην μὲν οὖν 4
τούτων ἕνεκα, δεδιὼς τὰς αἰτίας· αἰσχρὸν δ' ἡγοῦ-
μαι πρότερον παύσασθαι, πρὶν ἂν ὑμεῖς περὶ
αὐτῶν ὅ τι ἂν βούλησθε ψηφίσησθε.

Καὶ πρῶτον μὲν ἀνάβητε. Εἰπὲ σὺ ἐμοί, μέτοι- 5
κος εἶ; Ναί. Μετοικεῖς δὲ πότερον ὡς πεισόμενος
τοῖς νόμοις τοῖς τῆς πόλεως, ἢ ὡς ποιήσων ὅ τι ἂν
βούλῃ; Ὡς πεισόμενος. Ἄλλο τι οὖν ἀξιοῖς ἢ
ἀποθανεῖν, εἴ τι πεποίηκας παρὰ τοὺς νόμους, ἐφ'
οἷς θάνατος ἡ ζημία; Ἔγωγε. Ἀπόκριναι δή
μοι, εἰ ὁμολογεῖς πλείω σῖτον συμπρίασθαι πεντή-
κοντα φορμῶν, ὧν ὁ νόμος ἐξεῖναι κελεύει. Ἐγὼ
τῶν ἀρχόντων κελευόντων συνεπριάμην.

Ἐὰν μὲν τοίνυν ἀποδείξῃ, ὦ ἄνδρες δικασταί, ὡς 6
ἔστι νόμος ὃς κελεύει τοὺς σιτοπώλας συνωνεῖσθαι
τὸν σῖτον, ἐὰν οἱ ἄρχοντες κελεύωσιν, ἀποψηφί-
σασθε· εἰ δὲ μή, δίκαιον ὑμᾶς καταψηφίσασθαι.
ἡμεῖς γὰρ ὑμῖν παρεσχόμεθα τὸν νόμον, ὃς ἀπαγο-
ρεύει μηδένα τῶν ἐν τῇ πόλει πλείω σῖτον πεντή-
κοντα φορμῶν συνωνεῖσθαι.

Χρῆν μὲν τοίνυν, ὦ ἄνδρες δικασταί, ἱκανὴν 7
εἶναι ταύτην τὴν κατηγορίαν, ἐπειδὴ οὗτος μὲν
ὁμολογεῖ συμπρίασθαι, ὁ δὲ νόμος ἀπαγορεύων
φαίνεται, ὑμεῖς δὲ κατὰ τοὺς νόμους ὀμωμόκατε
ψηφιεῖσθαι· ὅμως δ' ἵνα πεισθῆτε ὅτι καὶ κατὰ
τῶν ἀρχόντων ψεύδονται, ἀνάγκη καὶ μακρότερον

8 εἰπεῖν περὶ αὐτῶν. ἐπειδὴ γὰρ οὗτοι τὴν αἰτίαν εἰς ἐκείνους ἀνέφερον, παρακαλέσαντες τοὺς ἄρχοντας ἠρωτῶμεν. καὶ οἱ μὲν τέτταρες οὐδὲν ἔφασαν εἰδέναι τοῦ πράγματος, Ἄνυτος δ᾽ ἔλεγεν ὡς τοῦ προτέρου χειμῶνος, ἐπειδὴ τίμιος ἦν ὁ σῖτος, τούτων ὑπερβαλλόντων ἀλλήλους καὶ πρὸς σφᾶς αὐτοὺς μαχομένων συμβουλεύσειεν αὐτοῖς παύσασθαι φιλονικοῦσιν, ἡγούμενος συμφέρειν ὑμῖν τοῖς παρὰ τούτων ὠνουμένοις ὡς ἀξιώτατον τούτους πρίασθαι· δεῖν γὰρ αὐτοὺς κἂν ὀβολῷ μόνον
9 πωλεῖν τιμιώτερον. ὡς τοίνυν οὐ συμπριαμένους καταθέσθαι ἐκέλευεν αὐτούς, ἀλλὰ μὴ ἀλλήλοις ἀντωνεῖσθαι συνεβούλευεν, αὐτὸν ὑμῖν Ἄνυτον μάρτυρα παρέξομαι, καὶ ὡς οὗτος μὲν ἐπὶ τῆς προτέρας βουλῆς τούτους εἶπε τοὺς λόγους, οὗτοι δ᾽ ἐπὶ τῆσδε συνωνούμενοι φαίνονται.

ΜΑΡΤΥΡΙΑ.

10 Ὅτι μὲν τοίνυν οὐχ ὑπὸ τῶν ἀρχόντων κελευσθέντες συνεπρίαντο τὸν σῖτον, ἀκηκόατε· ἡγοῦμαι δ᾽, ἐὰν ὡς μάλιστα περὶ τούτων ἀληθῆ λέγωσιν, οὐχ ὑπὲρ αὐτῶν αὐτοὺς ἀπολογήσεσθαι, ἀλλὰ τούτων κατηγορήσειν· περὶ γὰρ ὧν εἰσι νόμοι διαρρήδην γεγραμμένοι, πῶς οὐ χρὴ διδόναι δίκην καὶ τοὺς μὴ πειθομένους καὶ τοὺς κελεύοντας τούτοις τἀναντία πράττειν;
11 Ἀλλὰ γάρ, ὦ ἄνδρες δικασταί, οἴομαι αὐτοὺς ἐπὶ μὲν τοῦτον τὸν λόγον οὐκ ἐλεύσεσθαι· ἴσως

δ᾽ ἐροῦσιν, ὥσπερ καὶ ἐν τῇ βουλῇ, ὡς ἐπ᾽ εὐνοίᾳ τῆς πόλεως συνεωνοῦντο τὸν σῖτον, ἵν᾽ ὡς ἀξιώτατον ὑμῖν πωλοῖεν. μέγιστον δ᾽ ὑμῖν ἐρῶ καὶ περιφανέστατον τεκμήριον ὅτι ψεύδονται. ἐχρῆν γὰρ 12 αὐτούς, εἴπερ ὑμῶν ἕνεκα ἔπραττον ταῦτα, φαίνεσθαι τῆς αὐτῆς τιμῆς πολλὰς ἡμέρας πωλοῦντας, ἕως ὁ συνεωνημένος αὐτοὺς ἐπέλιπε· νυνὶ δ᾽ ἐνίοτε τῆς αὐτῆς ἡμέρας ἐπώλουν δραχμῇ τιμιώτερον, ὥσπερ κατὰ μέδιμνον συνωνούμενοι. καὶ τούτων ὑμῖν μάρτυρας παρέξομαι.

ΜΑΡΤΥΡΕΣ.

Δεινὸν δέ μοι δοκεῖ εἶναι, εἰ ὅταν μὲν εἰσφορὰν 13 εἰσενεγκεῖν δέῃ, ἣν πάντες εἴσεσθαι μέλλουσιν, οὐκ ἐθέλουσιν, ἀλλὰ πενίαν προφασίζονται, ἐφ᾽ οἷς δὲ θάνατός ἐστιν ἡ ζημία καὶ λαθεῖν αὐτοῖς συνέφερε, ταῦτα ἐπ᾽ εὐνοίᾳ φασὶ τῇ ὑμετέρᾳ παρανομῆσαι. καίτοι πάντες ἐπίστασθε ὅτι τούτοις ἥκιστα προσήκει τοιούτους ποιεῖσθαι λόγους. τἀναντία γὰρ αὐτοῖς καὶ τοῖς ἄλλοις συμφέρει· τότε γὰρ πλεῖστα κερδαίνουσιν, ὅταν κακοῦ τινος ἀπαγγελθέντος τῇ πόλει τίμιον τὸν σῖτον πωλῶσιν. οὕτω δ᾽ ἄσμενοι τὰς συμφορὰς τὰς ὑμετέρας 14 ὁρῶσιν, ὥστε τὰς μὲν πρότεροι τῶν ἄλλων πυνθάνονται, τὰς δ᾽ αὐτοὶ λογοποιοῦσιν, ἢ τὰς ναῦς διεφθάρθαι τὰς ἐν τῷ Πόντῳ, ἢ ὑπὸ Λακεδαιμονίων ἐκπλεούσας συνειλῆφθαι, ἢ τὰ ἐμπόρια κεκλῇσθαι, ἢ τὰς σπονδὰς μέλλειν ἀπορρηθήσε-

15 σθαι, καὶ εἰς τοῦτ' ἔχθρας ἐληλύθασιν, ὥστ' ἐν
τοῖς αὐτοῖς καιροῖς ἐπιβουλεύουσιν ἡμῖν, ἐν οἷσπερ
οἱ πολέμιοι. ὅταν γὰρ μάλιστα σίτου τυγχάνητε
δεόμενοι, ἀναρπάζουσιν οὗτοι καὶ οὐκ ἐθέλουσι
πωλεῖν, ἵνα μὴ περὶ τῆς τιμῆς διαφερώμεθα, ἀλλ'
ἀγαπῶμεν ἐὰν ὁποσουτινοσοῦν πριάμενοι παρ'
αὐτῶν ἀπέλθωμεν· ὥστ' ἐνίοτε εἰρήνης οὔσης ὑπὸ
16 τούτων πολιορκούμεθα. οὕτω δὲ πάλαι περὶ τῆς
τούτων πανουργίας καὶ κακονοίας ἡ πόλις ἔγνωκεν,
ὥστ' ἐπὶ μὲν τοῖς ἄλλοις ὠνίοις ἅπασι τοὺς ἀγορα-
νόμους φύλακας κατεστήσατε, ἐπὶ δὲ ταύτῃ μόνῃ
τῇ τέχνῃ χωρὶς σιτοφύλακας ἀποκληροῦτε· καὶ
πολλάκις ἤδη παρ' ἐκείνων πολιτῶν ὄντων δίκην
τὴν μεγίστην ἐλάβετε, ὅτι οὐχ οἷοί τ' ἦσαν τῆς
τούτων πονηρίας ἐπικρατῆσαι. καίτοι τί χρὴ
αὐτοὺς τοὺς ἀδικοῦντας ὑφ' ὑμῶν πάσχειν, ὁπότε
καὶ τοὺς οὐ δυναμένους φυλάττειν ἀποκτείνετε;
17 Ἐνθυμεῖσθαι δὲ χρὴ ὅτι ἀδύνατον ὑμῖν ἐστιν
ἀποψηφίσασθαι. εἰ γὰρ ἀπογνώσεσθε ὁμολο-
γούντων αὐτῶν ἐπὶ τοὺς ἐμπόρους συνίστασθαι,
δόξεθ' ὑμεῖς ἐπιβουλεύειν τοῖς εἰσπλέουσιν. εἰ
μὲν γὰρ ἄλλην τινὰ ἀπολογίαν ἐποιοῦντο, οὐδεὶς
ἂν εἶχε τοῖς ἀποψηφισαμένοις ἐπιτιμᾶν· ἐφ' ὑμῖν
γὰρ ὁποτέροις βούλεσθε πιστεύειν· νῦν δὲ πῶς οὐ
δεινὰ ἂν δόξαιτε ποιεῖν, εἰ τοὺς ὁμολογοῦντας
18 παρανομεῖν ἀζημίους ἀφήσετε; ἀναμνήσθητε δέ, ὦ
ἄνδρες δικασταί, ὅτι πολλῶν ἤδη ἐχόντων ταύτην
τὴν αἰτίαν ἀλλ' ἀρνουμένων καὶ μάρτυρας παρεχο-

μένων θάνατον κατέγνωτε, πιστοτέρους ἡγησάμενοι τοὺς τῶν κατηγόρων λόγους. καίτοι πῶς ἂν οὐ θαυμαστὸν εἴη, εἰ περὶ τῶν αὐτῶν ἁμαρτημάτων δικάζοντες μᾶλλον ἐπιθυμεῖτε παρὰ τῶν ἀρνουμένων δίκην λαμβάνειν; καὶ μὲν δή, ὦ ἄνδρες δικασταί, πᾶσιν ἡγοῦμαι φανερὸν εἶναι ὅτι οἱ περὶ τῶν τοιούτων ἀγῶνες κοινότατοι τυγχάνουσιν ὄντες τοῖς ἐν τῇ πόλει, ὥστε πεύσονται ἥντινα γνώμην περὶ αὐτῶν ἔχετε, ἡγούμενοι, ἐὰν μὲν θάνατον τούτων καταγνῶτε, κοσμιωτέρους ἔσεσθαι τοὺς λοιπούς· ἐὰν δ' ἀζημίους ἀφῆτε, πολλὴν ἄδειαν αὐτοῖς ἐψηφισμένοι ἔσεσθε ποιεῖν ὅ τι ἂν βούλωνται. χρὴ δέ, ὦ ἄνδρες δικασταί, μὴ μόνον τῶν παρεληλυθότων ἕνεκα αὐτοὺς κολάζειν, ἀλλὰ καὶ παραδείγματος ἕνεκα τῶν μελλόντων ἔσεσθαι· οὕτω γὰρ ἔσονται μόγις ἀνεκτοί. ἐνθυμεῖσθε δὲ ὅτι ἐκ ταύτης τῆς τέχνης πλεῖστοι περὶ τοῦ σώματός εἰσιν ἠγωνισμένοι· καὶ οὕτω μεγάλα ἐξ αὐτῆς ὠφελοῦνται, ὥστε μᾶλλον αἱροῦνται καθ' ἑκάστην ἡμέραν περὶ τῆς ψυχῆς κινδυνεύειν ἢ παύεσθαι παρ' ὑμῶν ἀδίκως κερδαίνοντες. καὶ μὲν δὴ οὐδ' ἐὰν ἀντιβολῶσιν ὑμᾶς καὶ ἱκετεύωσι, δικαίως ἂν αὐτοὺς ἐλεήσαιτε, ἀλλὰ πολὺ μᾶλλον τῶν τε πολιτῶν οἳ διὰ τὴν τούτων πονηρίαν ἀπέθνησκον, καὶ τοὺς ἐμπόρους ἐφ' οὓς οὗτοι συνέστησαν· οἷς ὑμεῖς χαριεῖσθε καὶ προθυμοτέρους ποιήσετε, δίκην παρὰ τούτων λαμβάνοντες. εἰ δὲ μή, τίν' αὐτοὺς οἴεσθε γνώμην ἕξειν, ἐπειδὰν πύθωνται ὅτι τῶν καπήλων, οἳ τοῖς εἰσπλέουσιν ὡμολόγησαν ἐπιβουλεύειν, ἀπεψηφίσασθε;

22 Οὐκ οἶδ' ὅ τι δεῖ πλείω λέγειν· περὶ μὲν γὰρ τῶν ἄλλων τῶν ἀδικούντων, ὅτου δικάζονται, δεῖ παρὰ τῶν κατηγόρων πυθέσθαι, τὴν δὲ τούτων πονηρίαν ἅπαντες ἐπίστασθε. ἐὰν οὖν τούτων καταψηφίσησθε, τά τε δίκαια ποιήσετε καὶ ἀξιώτερον τὸν σῖτον ὠνήσεσθε· εἰ δὲ μή, τιμιώτερον.

XXIII.

ΚΑΤΑ ΠΑΓΚΛΕΩΝΟΣ ΟΤΙ ΟΥΚ ΗΝ ΠΛΑΤΑΙΕΥΣ.

Πολλὰ μὲν λέγειν, ὦ ἄνδρες δικασταί, περὶ τουτουὶ τοῦ πράγματος οὔτ' ἂν δυναίμην οὔτε μοι δοκεῖ δεῖν· ὡς δὲ ὀρθῶς τὴν δίκην ἔλαχον τουτῳὶ Παγκλέωνι οὐκ ὄντι Πλαταιεῖ, τοῦτο ὑμῖν πειράσομαι ἀποδεῖξαι.

Ὡς γὰρ ἀδικῶν με πολὺν χρόνον οὐκ ἐπαύετο, 2 ἐλθὼν ἐπὶ τὸ γναφεῖον, ἐν ᾧ ἠργάζετο, προσεκαλεσάμην αὐτὸν πρὸς τὸν πολέμαρχον, νομίζων μέτοικον εἶναι. εἰπόντος δὲ τούτου ὅτι Πλαταιεὺς εἴη, ἠρόμην ὁπόθεν δημοτεύοιτο, παραινέσαντός τινος τῶν παρόντων προσκαλέσασθαι καὶ πρὸς τὴν φυλήν, ἧστινος εἶναι σκήπτοιτο. ἐπειδὴ δὲ ἀπεκρίνατο ὅτι Δεκελειόθεν, προσκαλεσάμενος αὐτὸν καὶ πρὸς τοὺς τῇ Ἱπποθωντίδι δικάζοντας, ἐλθὼν ἐπὶ τὸ κουρεῖον τὸ παρὰ τοὺς Ἑρμᾶς, ἵνα οἱ Δεκε- 3 λεῖς προσφοιτῶσιν, ἠρώτων, οὕς τε ἐξευρίσκοιμι Δεκελέων ἐπυνθανόμην εἴ τινα γιγνώσκοιεν Δεκελειόθεν δημοτευόμενον Παγκλέωνα. ἐπειδὴ δὲ οὐδεὶς ἔφασκεν γιγνώσκειν αὐτόν, πυθόμενος ὅτι καὶ ἑτέρας δίκας τὰς μὲν φεύγοι τὰς δ' ὠφλήκοι παρὰ τῷ πολεμάρχῳ, ἔλαχον καὶ ἐγώ.

4 Πρῶτον μὲν οὖν ὑμῖν Δεκελέων οὓς ἠρόμην μάρτυρας παρέξομαι, ἔπειτα δὲ καὶ τῶν ἄλλων τῶν λαχόντων τε δίκας αὐτῷ πρὸς τὸν πολέμαρχον καὶ καταδικασαμένων, ὅσοι τυγχάνουσι παρόντες. Καί μοι ἐπίλαβε τὸ ὕδωρ.

ΜΑΡΤΥΡΕΣ.

5 Ἐκ μὲν τούτων πεισθεὶς πρὸς τὸν πολέμαρχον αὐτῷ τὴν δίκην ἔλαχον· ἐπειδὴ δέ μοι αὐτὴν ἀντεγράψατο μὴ εἰσαγώγιμον εἶναι, περὶ πολλοῦ ποιούμενος μηδενὶ δόξαι ὑβρίζειν βούλεσθαι μᾶλλον ἢ δίκην λαβεῖν ὧν ἠδικήθην, πρῶτον μὲν Εὐθύκριτον, ὃν πρεσβύτατόν τε Πλαταιῶν ἐγίγνωσκον καὶ μάλιστα ᾠόμην εἰδέναι, ἠρόμην εἴ τινα γιγνώσκοι Ἱππαρμοδώρου υἱὸν Παγκλέωνα Πλαταιᾶ·
6 ἔπειτα δέ, ἐπειδὴ ἐκεῖνος ἀπεκρίνατό μοι ὅτι τὸν Ἱππαρμόδωρον μὲν γιγνώσκοι, υἱὸν δὲ ἐκείνῳ οὐδένα οὔτε Παγκλέωνα οὔτε ἄλλον οὐδένα εἰδείη ὄντα, ἠρώτων δὴ καὶ τῶν ἄλλων ὅσους ᾔδειν Πλαταιᾶς ὄντας. πάντες οὖν ἀγνοοῦντες τὸ ὄνομα αὐτοῦ, ἀκριβέστατα ἂν ἔφασάν με πυθέσθαι ἐλθόντα εἰς τὸν χλωρὸν τυρὸν τῇ ἔνῃ καὶ νέᾳ· ταύτῃ γὰρ τῇ ἡμέρᾳ τοῦ μηνὸς ἑκάστου ἐκεῖσε συλλέγε-
7 σθαι τοὺς Πλαταιᾶς. ἐλθὼν οὖν εἰς τὸν τυρὸν ταύτῃ τῇ ἡμέρᾳ ἐπυνθανόμην αὐτῶν, εἴ τινα γιγνώσκοιεν Παγκλέωνα πολίτην σφέτερον. καὶ οἱ μὲν ἄλλοι οὐκ ἔφασαν γιγνώσκειν, εἷς δέ τις εἶπεν ὅτι τῶν μὲν πολιτῶν οὐδενὶ εἰδείη τοῦτο ὂν τὸ ὄνομα,

δοῦλον μέντοι ἔφη ἑαυτοῦ ἀφεστῶτα εἶναι Παγκλέωνα, τήν τε ἡλικίαν λέγων τὴν τούτου καὶ τὴν τέχνην ᾗ οὗτος χρῆται. ταῦτ' οὖν ὡς ἀληθῆ ἐστι, 8 τόν τε Εὐθύκριτον, ὃν πρῶτον ἠρόμην, καὶ τῶν ἄλλων Πλαταιῶν ὅσοις προσῆλθον, καὐτὸν ὃς ἔφη δεσπότης τούτου εἶναι, μάρτυρας παρέξομαι. Καί μοι ἐπίλαβε τὸ ὕδωρ.

ΜΑΡΤΥΡΕΣ.

Ἡμέραις τοίνυν μετὰ ταῦτα οὐ πολλαῖς ὕστερον 9 ἰδὼν ἀγόμενον τουτονὶ Παγκλέωνα ὑπὸ τοῦ Νικομήδους, ὃς ἐμαρτύρησεν αὐτοῦ δεσπότης εἶναι, προσῆλθον βουλόμενος εἰδέναι ὁποῖόν τι περὶ αὐτοῦ πραχθήσοιτο. τότε μὲν οὖν ἐπειδὴ ἐπαύσαντο μαχόμενοι, εἶπόν τινες τῶν τούτῳ παρόντων ὅτι εἴη αὐτῷ ἀδελφὸς ὃς ἐξαιρήσοιτο αὐτὸν εἰς ἐλευθερίαν· ἐπὶ τούτοις ἐγγυησάμενοι παρέξειν εἰς ἀγορὰν ᾤχοντο ἀπιόντες. τῇ δ' ὑστεραίᾳ τῆς τε 10 ἀντιγραφῆς ἕνεκα ταυτησὶ καὶ αὐτῆς τῆς δίκης ἔδοξέ μοι χρῆναι μάρτυρας λαβόντι παραγενέσθαι, ἵν' εἰδείην τόν τ' ἐξαιρησόμενον αὐτὸν καὶ ὅ τι λέγων ἀφαιρήσοιτο. ἐφ' οἷς μὲν οὖν ἐξηγγυήθη, οὔτε ἀδελφὸς οὔτε ἄλλος οὐδεὶς ἦλθε, γυνὴ δὲ φάσκουσα αὐτῆς αὐτὸν εἶναι δοῦλον, ἀμφισβητοῦσα τῷ Νικομήδει, καὶ οὐκ ἔφη ἐάσειν αὐτὸν ἄγειν. ὅσα μὲν οὖν αὐτόθι ἐρρήθη, πολὺς ἂν εἴη 11 μοι λόγος διηγεῖσθαι· εἰς τοῦτο δὲ βιαιότητος ἦλθον οἵ τε παρόντες τούτῳ καὶ αὐτὸς οὗτος, ὥστε

ἐθέλοντος μὲν τοῦ Νικομήδους ἐθελούσης δὲ τῆς
γυναικὸς ἀφιέναι, εἴ τις ἢ εἰς ἐλευθερίαν τοῦτον
ἐξαιροῖτο ἢ ἄγοι φάσκων ἑαυτοῦ δοῦλον εἶναι, τού-
των οὐδὲν ποιήσαντες ἀφελόμενοι ᾤχοντο. ὡς οὖν
τῇ τε προτεραίᾳ ἐπὶ τούτοις ἐξηγγυήθη καὶ τότε
βίᾳ ᾤχοντο ἀφελόμενοι αὐτόν, μάρτυρας παρέξο-
μαι ὑμῖν. Καί μοι ἐπίλαβε τὸ ὕδωρ.

ΜΑΡΤΥΡΕΣ.

12 Ῥᾴδιον τοίνυν εἰδέναι ὅτι οὐδ' αὐτὸς Παγκλέων
νομίζει ἑαυτὸν μὴ ὅτι Πλαταιᾶ εἶναι, ἀλλ' οὐδ'
ἐλεύθερον. ὅστις γὰρ ἐβουλήθη βίᾳ ἀφαιρεθεὶς
ἐνόχους καταστῆσαι τοὺς ἑαυτοῦ ἐπιτηδείους τοῖς
βιαίοις μᾶλλον ἢ κατὰ τοὺς νόμους εἰς τὴν ἐλευ-
θερίαν ἐξαιρεθεὶς δίκην λαβεῖν παρὰ τῶν ἀγόντων
αὐτόν, οὐδενὶ χαλεπὸν γνῶναι ὅτι εὖ εἰδὼς ἑαυτὸν
ὄντα δοῦλον ἔδεισεν ἐγγυητὰς καταστήσας περὶ
τοῦ σώματος ἀγωνίσασθαι.

13 Ὅτι μὲν οὖν Πλαταιεὺς εἶναι πολλοῦ δεῖ, οἶμαι
ὑμᾶς ἐκ τούτων σχεδόν τι γιγνώσκειν· ὅτι δὲ οὐδ'
αὐτός, ὃς ἄριστα οἶδε τὰ αὑτοῦ, ἡγήσατο δόξαι ἂν
ὑμῖν Πλαταιεὺς εἶναι, ἐξ ὧν ἔπραξε ῥᾳδίως μαθή-
σεσθε. ἐν τῇ ἀντωμοσίᾳ γὰρ τῆς δίκης ἣν αὐτῷ
ἔλαχεν Ἀριστόδικος οὑτοσί, ἀμφισβητῶν μὴ πρὸς
τὸν πολέμαρχον εἶναί οἱ τὰς δίκας διεμαρτυρήθη
14 μὴ Πλαταιεὺς εἶναι, ἐπισκηψάμενος δὲ τῷ μάρτυρι
οὐκ ἐπεξῆλθεν, ἀλλ' εἴασε καταδικάσασθαι αὐτοῦ
τὸν Ἀριστόδικον. ἐπειδὴ δὲ ὑπερήμερος ἐγένετο,

ἐξέτεισε τὴν δίκην, καθότι ἔπειθε. καὶ τούτων, ὡς ἀληθῆ ἐστι, μάρτυρας ἐγὼ παρέξομαι ὑμῖν. Καί μοι ἐπίλαβε τὸ ὕδωρ.

ΜΑΡΤΥΡΕΣ.

Πρὶν τοίνυν ταῦτα ὁμολογηθῆναι αὐτῷ, δεδιὼς τὸν Ἀριστόδικον, μεταστὰς ἐντεῦθεν Θήβησι μετῴκει. καίτοι οἶμαι εἰδέναι ὑμᾶς ὅτι εἴπερ ἦν Πλαταιεύς, πανταχοῦ μᾶλλον ἢ Θήβησιν εἰκὸς ἦν αὐτόν μετοικῆσαι. ὡς οὖν ἐκεῖ ᾤκει πολὺν χρόνον, τούτων ὑμῖν μάρτυρας παρέξομαι. Καί μοι ἐπίλαβε τὸ ὕδωρ.

ΜΑΡΤΥΡΕΣ.

Ἐξαρκεῖν μοι νομίζω τὰ εἰρημένα, ὦ ἄνδρες δικασταί· ἐὰν γὰρ διαμνημονεύητε, οἶδ᾽ ὅτι τά τε δίκαια καὶ τἀληθῆ ψηφιεῖσθε, καὶ ἃ ἐγὼ ὑμῶν δέομαι.

XXIV.

ΠΡΟΣ ΤΗΝ ΕΙΣΑΓΓΕΛΙΑΝ ΠΕΡΙ ΤΟΥ ΜΗ ΔΙΔΟΣΘΑΙ ΤΩΙ ΑΔΥΝΑΤΩΙ ΑΡΓΥΡΙΟΝ.

Οὐ πολλοῦ δέω χάριν ἔχειν, ὦ βουλή, τῷ κατηγόρῳ, ὅτι μοι παρεσκεύασε τὸν ἀγῶνα τουτονί. πρότερον γὰρ οὐκ ἔχων πρόφασιν ἐφ᾽ ἧς τοῦ βίου λόγον δοίην, νυνὶ διὰ τοῦτον εἴληφα. καὶ πειράσομαι τῷ λόγῳ τοῦτον μὲν ἐπιδεῖξαι ψευδόμενον, ἐμαυτὸν δὲ βεβιωκότα μέχρι τῆσδε τῆς ἡμέρας ἐπαίνου μᾶλλον ἄξιον ἢ φθόνου· διὰ γὰρ οὐδὲν ἄλλο μοι δοκεῖ παρασκευάσαι τόνδε μοι τὸν κίνδυ-
2 νον οὗτος ἢ διὰ φθόνον. καίτοι ὅστις τούτοις φθονεῖ οὓς οἱ ἄλλοι ἐλεοῦσι, τίνος ἂν ὑμῖν ὁ τοιοῦτος ἀποσχέσθαι δοκεῖ πονηρίας; οὐ μὲν γὰρ ἕνεκα χρημάτων με συκοφαντεῖ —, εἰ δ᾽ ὡς ἐχθρὸν ἑαυτοῦ με τιμωρεῖται, ψεύδεται· διὰ γὰρ τὴν πονηρίαν αὐτοῦ οὔτε φίλῳ οὔτε ἐχθρῷ πώποτε ἐχρησά-
3 μην αὐτῷ. ἤδη τοίνυν, ὦ βουλή, δῆλός ἐστι φθονῶν, ὅτι τοιαύτῃ κεχρημένος συμφορᾷ τούτου βελτίων εἰμὶ πολίτης. καὶ γὰρ οἶμαι δεῖν, ὦ βουλή, τὰ τοῦ σώματος δυστυχήματα τοῖς τῆς ψυχῆς ἐπιτηδεύμασιν ἰᾶσθαι. εἰ γὰρ ἐξ ἴσου τῇ συμφορᾷ καὶ τὴν διάνοιαν ἕξω καὶ τὸν ἄλλον βίον διάξω, τί τούτου διοίσω;

Περὶ μὲν οὖν τούτων τοσαῦτά μοι εἰρήσθω· 4
ὑπὲρ ὧν δέ μοι προσήκει λέγειν ὡς ἂν οἷός τ' ὦ
διὰ βραχυτάτων ἐρῶ. φησὶ γὰρ ὁ κατήγορος οὐ
δικαίως με λαμβάνειν τὸ παρὰ τῆς πόλεως ἀργύ-
ριον· καὶ γὰρ τῷ σώματι δύνασθαι καὶ οὐκ εἶναι
τῶν ἀδυνάτων, καὶ τέχνην ἐπίστασθαι τοιαύτην
ὥστε καὶ ἄνευ τοῦ διδομένου τούτου ζῆν. καὶ 5
τεκμηρίοις χρῆται τῆς μὲν τοῦ σώματος ῥώμης,
ὅτι ἐπὶ τοὺς ἵππους ἀναβαίνω, τῆς δ' ἐν τῇ τέχνῃ
εὐπορίας, ὅτι δύναμαι συνεῖναι δυναμένοις ἀνθρώ-
ποις ἀναλίσκειν. τὴν μὲν οὖν ἐκ τῆς τέχνης
εὐπορίαν καὶ τὸν ἄλλον τὸν ἐμὸν βίον, οἷος τυγχά-
νει, πάντας ὑμᾶς οἴομαι γιγνώσκειν· ὅμως δὲ
κἀγὼ διὰ βραχέων ἐρῶ. ἐμοὶ γὰρ ὁ μὲν πατὴρ 6
κατέλιπεν οὐδέν, τὴν δὲ μητέρα τελευτήσασαν
πέπαυμαι τρέφων τρίτον ἔτος τουτί, παῖδες δέ μοι
οὔπω εἰσὶν οἵ με θεραπεύσουσι. τέχνην δὲ κέκτη-
μαι βραχέα δυναμένην ὠφελεῖν, ἣν αὐτὸς μὲν ἤδη
χαλεπῶς ἐργάζομαι, τὸν διαδεξόμενον δ' αὐτὴν
οὔπω δύναμαι κτήσασθαι. πρόσοδος δέ μοι οὐκ
ἔστιν ἄλλη πλὴν ταύτης, ἣν ἐὰν ἀφέλησθέ με,
κινδυνεύσαιμ' ἂν ὑπὸ τῇ δυσχερεστάτῃ γενέσθαι
τύχῃ. μὴ τοίνυν, ἐπειδή γε ἔστιν, ὦ βουλή, 7
σῶσαί με δικαίως, ἀπολέσητε ἀδίκως· μηδὲ ἃ
νεωτέρῳ καὶ μᾶλλον ἐρρωμένῳ ὄντι ἔδοτε, πρεσβύ-
τερον καὶ ἀσθενέστερον γιγνόμενον ἀφέλησθε·
μηδὲ πρότερον καὶ περὶ τοὺς οὐδὲν ἔχοντας κακὸν
ἐλεημονέστατοι δοκοῦντες εἶναι νυνὶ διὰ τοῦτον

τοὺς καὶ τοῖς ἐχθροῖς ἐλεεινοὺς ὄντας ἀγρίως ἀποδέξησθε· μηδ' ἐμὲ τολμήσαντες ἀδικῆσαι καὶ τοὺς ἄλλους τοὺς ὁμοίως ἐμοὶ διακειμένους ἀθυμῆ-
8 σαι ποιήσητε. καὶ γὰρ ἂν ἄτοπον εἴη, ὦ βουλή, εἰ ὅτε μὲν ἁπλῆ μοι ἦν ἡ συμφορά, τότε μὲν φαινοίμην λαμβάνων τὸ ἀργύριον τοῦτο, νῦν δ' ἐπειδὴ καὶ γῆρας καὶ νόσοι καὶ τὰ τούτοις ἑπόμενα κακὰ
9 προσγίγνεταί μοι, τότε ἀφαιρεθείην. δοκεῖ δέ μοι τῆς πενίας τῆς ἐμῆς τὸ μέγεθος ὁ κατήγορος ἂν ἐπιδεῖξαι σαφέστατα μόνος ἀνθρώπων. εἰ γὰρ ἐγὼ κατασταθεὶς χορηγὸς τραγῳδοῖς προκαλεσαίμην αὐτὸν εἰς ἀντίδοσιν, δεκάκις ἂν ἕλοιτο χορηγῆσαι μᾶλλον ἢ ἀντιδοῦναι ἅπαξ. καὶ πῶς οὐ δεινόν ἐστι νῦν μὲν κατηγορεῖν ὡς διὰ πολλὴν εὐπορίαν ἐξ ἴσου δύναμαι συνεῖναι τοῖς πλουσιωτάτοις, εἰ δὲ ὧν ἐγὼ λέγω τύχοι τι γενόμενον, ὁμολογεῖν ἂν ἐμὲ τοιοῦτον εἶναι καὶ ἔτι πονηρότερον;

10 Περὶ δὲ τῆς ἐμῆς ἱππικῆς, ἧς οὗτος ἐτόλμησε μνησθῆναι πρὸς ὑμᾶς, οὔτε τὴν τύχην δείσας οὔτε ὑμᾶς αἰσχυνθείς, οὐ πολὺς ὁ λόγος. ἐγὼ γὰρ οἶμαι, ὦ βουλή, πάντας τοὺς ἔχοντάς τι δυστύχημα τοῦτο ζητεῖν καὶ τοῦτο φιλοσοφεῖν, ὅπως ὡς ἀλυπότατα μεταχειριοῦνται τὸ συμβεβηκὸς πάθος. ὧν εἷς ἐγώ, καὶ περιπεπτωκὼς τοιαύτῃ συμφορᾷ ταύτην ἐμαυτῷ ῥᾳστώνην ἐξεῦρον εἰς τὰς ὁδοὺς
11 τὰς μακροτέρας τῶν ἀναγκαίων. ὃ δὲ μέγιστον, ὦ βουλή, τεκμήριον ὅτι διὰ τὴν συμφορὰν ἀλλ' οὐ

διὰ τὴν ὕβριν, ὡς οὗτός φησιν, ἐπὶ τοὺς ἵππους ἀναβαίνω· εἰ γὰρ ἐκεκτήμην οὐσίαν, ἐπ' ἀστράβης ἂν ὠχούμην, ἀλλ' οὐκ ἐπὶ τοὺς ἀλλοτρίους ἵππους ἀνέβαινον· νυνὶ δ' ἐπειδὴ τοιοῦτον οὐ δύναμαι κτήσασθαι, τοῖς ἀλλοτρίοις ἵπποις ἀναγκάζομαι χρῆσθαι πολλάκις. καίτοι πῶς οὐκ ἄτοπόν 12 ἐστιν, ὦ βουλή, τοῦτον ἂν αὐτόν, εἰ μὲν ἐπ' ἀστράβης ὀχούμενον ἑώρα με, σιωπᾶν (τί γὰρ ἂν καὶ ἔλεγεν;), ὅτι δ' ἐπὶ τοὺς ᾐτημένους ἵππους ἀναβαίνω, πειρᾶσθαι πείθειν ὑμᾶς ὡς δυνατός εἰμι; καὶ ὅτι μὲν δυοῖν βακτηρίαιν χρῶμαι, τῶν ἄλλων μιᾷ χρωμένων, μὴ κατηγορεῖν ὡς καὶ τοῦτο τῶν δυναμένων ἐστίν· ὅτι δ' ἐπὶ τοὺς ἵππους ἀναβαίνω, τεκμηρίῳ χρῆσθαι πρὸς ὑμᾶς ὡς εἰμὶ τῶν δυναμένων; οἷς ἐγὼ διὰ τὴν αὐτὴν αἰτίαν ἀμφοτέροις χρῶμαι.

Τοσοῦτον δὲ διενήνοχεν ἀναισχυντίᾳ τῶν ἁπάν- 13 των ἀνθρώπων, ὥστε ὑμᾶς πειρᾶται πείθειν, τοσούτους ὄντας εἷς ὤν, ὡς οὐκ εἰμὶ τῶν ἀδυνάτων ἐγώ. καίτοι εἰ τοῦτο πείσει τινὰς ὑμῶν, ὦ βουλή, τί με κωλύει κληροῦσθαι τῶν ἐννέα ἀρχόντων, καὶ ὑμᾶς ἐμοῦ μὲν ἀφελέσθαι τὸν ὀβολὸν ὡς ὑγιαίνοντος, τούτῳ δὲ ψηφίσασθαι πάντας ὡς ἀναπήρῳ; οὐ γὰρ δήπου τὸν αὐτὸν ὑμεῖς μὲν ὡς δυνάμενον ἀφαιρήσεσθε τὸ διδόμενον, οἱ δὲ θεσμοθέται ὡς ἀδύνατον ὄντα κληροῦσθαι κωλύσουσιν. ἀλλὰ 14 γὰρ οὔτε ὑμεῖς τούτῳ τὴν αὐτὴν ἔχετε γνώμην, οὔθ' οὗτος εὖ φρονῶν. ὃ μὲν γὰρ ὥσπερ ἐπικλή-

ρου τῆς συμφορᾶς οὔσης ἀμφισβητήσων ἥκει καὶ
πειρᾶται πείθειν ὑμᾶς ὡς οὐκ εἰμὶ τοιοῦτος οἷον
ὑμεῖς ὁρᾶτε πάντες· ὑμεῖς δὲ (ὃ τῶν εὖ φρονούν-
των ἔργον ἐστί) μᾶλλον πιστεύετε τοῖς ὑμετέροις
αὐτῶν ὀφθαλμοῖς ἢ τοῖς τούτου λόγοις.

15 Λέγει δ' ὡς ὑβριστής εἰμι καὶ βίαιος καὶ λίαν
ἀσελγῶς διακείμενος, ὥσπερ εἰ φοβερῶς ὀνομά-
σειε, μέλλων δοξεῖν ἀληθῆ λέγειν, ἀλλ' οὐκ, ἂν
πάνυ πραόνως, ταῦτα ποιήσων. ἐγὼ δ' ὑμᾶς, ὦ
βουλή, σαφῶς οἶμαι δεῖν διαγιγνώσκειν οἷς τ'
ἐγχωρεῖ τῶν ἀνθρώπων ὑβρισταῖς εἶναι καὶ οἷς οὐ
16 προσήκει. οὐ γὰρ τοὺς πενομένους καὶ λίαν ἀπό-
ρως διακειμένους ὑβρίζειν εἰκός, ἀλλὰ τοὺς πολλῷ
πλείω τῶν ἀναγκαίων κεκτημένους· οὐδὲ τοὺς ἀδυ-
νάτους τοῖς σώμασιν ὄντας, ἀλλὰ τοὺς μάλιστα
πιστεύοντας ταῖς αὑτῶν ῥώμαις· οὐδὲ τοὺς ἤδη
προβεβηκότας τῇ ἡλικίᾳ, ἀλλὰ τοὺς ἔτι νέους καὶ
17 νέαις ταῖς διανοίαις χρωμένους. οἱ μὲν γὰρ πλού-
σιοι τοῖς χρήμασιν ἐξωνοῦνται τοὺς κινδύνους, οἱ
δὲ πένητες ὑπὸ τῆς παρούσης ἀπορίας σωφρονεῖν
ἀναγκάζονται· καὶ οἱ μὲν νέοι συγγνώμης ἀξιοῦν-
ται τυγχάνειν παρὰ τῶν πρεσβυτέρων, τοῖς δὲ
πρεσβυτέροις ἐξαμαρτάνουσιν ὁμοίως ἐπιτιμῶσιν
18 ἀμφότεροι· καὶ τοῖς μὲν ἰσχυροῖς ἐγχωρεῖ μηδὲν
αὐτοῖς πάσχουσιν, οὓς ἂν βουληθῶσιν, ὑβρίζειν,
τοῖς δὲ ἀσθενέσιν οὐκ ἔστιν οὔτε ὑβριζομένοις
ἀμύνεσθαι τοὺς ὑπάρξαντας οὔτε ὑβρίζειν βουλο-
μένοις περιγίγνεσθαι τῶν ἀδικουμένων. ὥστε μοι

δοκεῖ ὁ κατήγορος εἰπεῖν περὶ τῆς ἐμῆς ὕβρεως οὐ σπουδάζων, ἀλλὰ παίζων, οὐδ' ὑμᾶς πεῖσαι βουλόμενος ὡς εἰμὶ τοιοῦτος, ἀλλ' ἐμὲ κωμῳδεῖν βουλόμενος, ὥσπερ τι καλὸν ποιῶν.

Ἔτι δὲ καὶ συλλέγεσθαί φησιν ἀνθρώπους ὡς 19 ἐμὲ πονηροὺς καὶ πολλούς, οἳ τὰ μὲν ἑαυτῶν ἀνηλώκασι, τοῖς δὲ τὰ σφέτερα σῴζειν βουλομένοις ἐπιβουλεύουσιν. ὑμεῖς δὲ ἐνθυμήθητε πάντες ὅτι ταῦτα λέγων οὐδὲν ἐμοῦ κατηγορεῖ μᾶλλον ἢ τῶν ἄλλων ὅσοι τέχνας ἔχουσιν, οὐδὲ τῶν ὡς ἐμὲ εἰσιόντων μᾶλλον ἢ τῶν ὡς τοὺς ἄλλους δημιουργούς. ἕκαστος γὰρ ὑμῶν εἴθισται προσφοιτᾶν ὃ μὲν 20 πρὸς μυροπωλεῖον, ὃ δὲ πρὸς κουρεῖον, ὃ δὲ πρὸς σκυτοτομεῖον, ὃ δ' ὅποι ἂν τύχῃ, καὶ πλεῖστοι μὲν ὡς τοὺς ἐγγυτάτω τῆς ἀγορᾶς κατεσκευασμένους, ἐλάχιστοι δὲ ὡς τοὺς πλεῖστον ἀπέχοντας αὐτῆς· ὥστ' εἴ τις ὑμῶν πονηρίαν καταγνώσεται τῶν ὡς ἐμὲ εἰσιόντων, δῆλον ὅτι καὶ τῶν παρὰ τοῖς ἄλλοις διατριβόντων· εἰ δὲ κἀκείνων, ἁπάντων Ἀθηναίων· ἅπαντες γὰρ εἴθισθε προσφοιτᾶν καὶ διατρίβειν ἀμοῦ γέ που.

Ἀλλὰ γὰρ οὐκ οἶδ' ὅ τι δεῖ λίαν με ἀκριβῶς 21 ἀπολογούμενον πρὸς ἓν ἕκαστον ὑμῖν τῶν εἰρημένων ἐνοχλεῖν πλείω χρόνον. εἰ γὰρ ὑπὲρ τῶν μεγίστων εἴρηκα, τί δεῖ περὶ τῶν φαύλων ὁμοίως τούτῳ σπουδάζειν; ἐγὼ δ' ὑμῶν, ὦ βουλή, δέομαι πάντων τὴν αὐτὴν ἔχειν περὶ ἐμοῦ διάνοιαν, ἥνπερ καὶ πρότερον. μηδ' οὗ μόνου μεταλαβεῖν ἔδωκεν 22

ἡ τύχη μοι τῶν ἐν τῇ πατρίδι, τούτου διὰ τουτονὶ
ἀποστερήσητέ με· μηδ' ἃ πάλαι κοινῇ πάντες
ἔδοτέ μοι, νῦν οὗτος εἷς ὢν πείσῃ πάλιν ὑμᾶς
ἀφελέσθαι. ἐπειδὴ γάρ, ὦ βουλή, τῶν μεγίστων
ἀρχῶν ὁ δαίμων ἀπεστέρησεν ἡμᾶς, ἡ πόλις ἡμῖν
ἐψηφίσατο τοῦτο τὸ ἀργύριον, ἡγουμένη κοινὰς
εἶναι τὰς τύχας τοῖς ἅπασι καὶ τῶν κακῶν καὶ τῶν
23 ἀγαθῶν. πῶς οὖν οὐκ ἂν δειλαιότατος εἴην, εἰ τῶν
μὲν καλλίστων καὶ μεγίστων διὰ τὴν συμφορὰν
ἀπεστερημένος εἴην, ἃ δ' ἡ πόλις ἔδωκε προνοη-
θεῖσα τῶν οὕτως διακειμένων, διὰ τὸν κατήγορον
ἀφαιρεθείην; μηδαμῶς, ὦ βουλή, ταύτῃ θῆσθε
τὴν ψῆφον. διὰ τί γὰρ ἂν καὶ τύχοιμι τοιούτων
24 ὑμῶν; πότερον ὅτι δι' ἐμέ τις εἰς ἀγῶνα πώποτε
καταστὰς ἀπώλεσε τὴν οὐσίαν; ἀλλ' οὐδ' ἂν εἷς
ἀποδείξειεν. ἀλλ' ὅτι πολυπράγμων εἰμὶ καὶ θρα-
σὺς καὶ φιλαπεχθήμων; ἀλλ' οὐ τοιαύταις ἀφορ-
25 μαῖς τοῦ βίου τυγχάνω χρώμενος. ἀλλ' ὅτι λίαν
ὑβριστὴς καὶ βίαιος; ἀλλ' οὐδ' ἂν αὐτὸς φήσειεν,
εἰ μὴ βούλοιτο καὶ τοῦτο ψεύδεσθαι τοῖς ἄλλοις
ὁμοίως. ἀλλ' ὅτι ἐπὶ τῶν τριάκοντα γενόμενος ἐν
δυνάμει κακῶς ἐποίησα πολλοὺς τῶν πολιτῶν;
ἀλλὰ μετὰ τοῦ ὑμετέρου πλήθους ἔφυγον εἰς Χαλ-
κίδα, καὶ ἐξόν μοι μετ' ἐκείνων ἀδεῶς πολιτεύε-
σθαι, μεθ' ὑμῶν εἱλόμην κινδυνεύειν ἁπάντων.
26 μὴ τοίνυν, ὦ βουλή, μηδὲν ἡμαρτηκὼς ὁμοίων
ὑμῶν τύχοιμι τοῖς πολλὰ ἠδικηκόσιν, ἀλλὰ τὴν
αὐτὴν ψῆφον θέσθε περὶ ἐμοῦ ταῖς ἄλλαις βουλαῖς,

ἀναμνησθέντες ὅτι οὔτε χρήματα διαχειρίσας τῆς πόλεως δίδωμι λόγον αὐτῶν, οὔτε ἀρχὴν ἄρξας οὐδεμίαν εὐθύνας ὑπέχω νῦν αὐτῆς, ἀλλὰ περὶ ὀβολοῦ μόνον ποιοῦμαι τοὺς λόγους. καὶ οὕτως 27 ὑμεῖς μὲν τὰ δίκαια γνώσεσθε πάντες, ἐγὼ δὲ τούτων ὑμῖν τυχὼν ἕξω τὴν χάριν, οὗτος δὲ τοῦ λοιποῦ μαθήσεται μὴ τοῖς ἀσθενεστέροις ἐπιβουλεύειν ἀλλὰ τῶν ὁμοίων αὐτῷ περιγίγνεσθαι.

XXXII.

ΚΑΤΑ ΔΙΟΓΕΙΤΟΝΟΣ.

Εἰ μὲν μὴ μεγάλα ἦν τὰ διαφέροντα, ὦ ἄνδρες δικασταί, οὐκ ἄν ποτε εἰς ὑμᾶς εἰσελθεῖν τούτους εἴασα, νομίζων αἴσχιστον εἶναι πρὸς τοὺς οἰκείους διαφέρεσθαι, εἰδώς τε ὅτι οὐ μόνον οἱ ἀδικοῦντες χείρους ὑμῖν εἶναι δοκοῦσιν, ἀλλὰ καὶ οἵτινες ἂν ἔλαττον ὑπὸ τῶν προσηκόντων ἔχοντες ἀνέχεσθαι μὴ δύνωνται· ἐπειδὴ μέντοι, ὦ ἄνδρες δικασταί, πολλῶν χρημάτων ἀπεστέρηνται καὶ πολλὰ καὶ δεινὰ πεπονθότες ὑφ' ὧν ἥκιστα ἐχρῆν, ἐπ' ἐμὲ κηδεστὴν ὄντα κατέφυγον, ἀνάγκη μοι γεγένηται 2 εἰπεῖν ὑπὲρ αὐτῶν. ἔχω δὲ τούτων μὲν ἀδελφήν, Διογείτονος δὲ θυγατριδῆν, καὶ πολλὰ δεηθεὶς ἀμφοτέρων τὸ μὲν πρῶτον ἔπεισα αὐτοὺς τοῖς φίλοις ἐπιτρέψαι δίαιταν, περὶ πολλοῦ ποιούμενος τὰ τούτων πράγματα μηδένα τῶν ἄλλων εἰδέναι· ἐπειδὴ δὲ ὁ Διογείτων ἃ φανερῶς ἔχων ἐξηλέγχετο, περὶ τούτων οὐδενὶ τῶν αὑτοῦ φίλων ἐτόλμα πείθεσθαι, ἀλλ' ἐβουλήθη καὶ φεύγειν δίκας καὶ μὴ οὔσας διώκειν καὶ ὑπομένειν τοὺς ἐσχάτους κινδύνους μᾶλλον ἢ τὰ δίκαια ποιήσας ἀπηλλάχθαι τῶν πρὸς τούτους ἐγκλημάτων, ὑμῶν δέομαι, ἐὰν μὲν 3 ἀποδείξω οὕτως αἰσχρῶς αὐτοὺς ἐπιτετροπευμένους ὑπὸ τοῦ πάππου ὡς οὐδεὶς πώποτε ὑπὸ τῶν οὐδὲν προσηκόντων ἐν τῇ πόλει, βοηθεῖν αὐτοῖς τὰ δίκαια, εἰ δὲ μή, τούτῳ μὲν ἅπαντα πιστεύειν, ἡμᾶς δὲ εἰς τὸν λοιπὸν χρόνον ἡγεῖσθαι χείρους εἶναι. ἐξ ἀρχῆς δ᾽ ὑμᾶς περὶ αὐτῶν διδάξαι πειράσομαι.

4 Ἀδελφοὶ ἦσαν, ὦ ἄνδρες δικασταί, Διόδοτος καὶ Διογείτων ὁμοπάτριοι καὶ ὁμομήτριοι, καὶ τὴν μὲν ἀφανῆ οὐσίαν ἐνείμαντο, τῆς δὲ φανερᾶς ἐκοινώνουν. ἐργασαμένου δὲ Διοδότου κατ᾽ ἐμπορίαν πολλὰ χρήματα πείθει αὐτὸν Διογείτων λαβεῖν τὴν ἑαυτοῦ θυγατέρα, ἥπερ ἦν αὐτῷ μόνη· καὶ γίγνονται αὐτῷ ὑεῖ δύο καὶ θυγάτηρ. 5 χρόνῳ δὲ ὕστερον καταλεγεὶς Διόδοτος μετὰ Θρασύλλου τῶν ὁπλιτῶν, καλέσας τὴν ἑαυτοῦ γυναῖκα, ἀδελφιδῆν οὖσαν, καὶ τὸν ἐκείνης μὲν πατέρα, αὐτοῦ δὲ κηδεστὴν καὶ ἀδελφόν, πάππον δὲ τῶν παιδίων καὶ θεῖον, ἡγούμενος διὰ ταύτας τὰς ἀναγκαιότητας οὐδενὶ μᾶλλον προσήκειν δικαίῳ περὶ τοὺς αὑτοῦ παῖδας γενέσθαι, διαθήκην αὐτῷ δίδωσι καὶ πέντε τάλαντα ἀργυρίου παρακαταθήκην· 6 ναυτικὰ δὲ ἐπέδειξεν ἐκδεδομένα ἑπτὰ τάλαντα καὶ τετταράκοντα μνᾶς . . ., δισχιλίας δὲ ὀφειλομένας ἐν Χερρονήσῳ. ἐπέσκηψε δέ, ἐάν τι πάθῃ, τάλαντον μὲν ἐπιδοῦναι τῇ γυναικὶ καὶ τὰ ἐν τῷ δωματίῳ δοῦναι, τάλαντον δὲ τῇ θυγατρί. κατέλιπε δὲ καὶ εἴκοσι μνᾶς τῇ γυναικὶ καὶ τριάκοντα στατῆρας κυζικηνούς. 7 ταῦτα δὲ πράξας καὶ οἴκοι ἀντίγραφα καταλιπὼν ᾤχετο στρατευσόμενος μετὰ Θρασύλλου. ἀποθα-

νόντος δὲ ἐκείνου ἐν Ἐφέσῳ Διογείτων τὴν μὲν
θυγατέρα ἔκρυπτε τὸν θάνατον τοῦ ἀνδρός, καὶ τὰ
γράμματα λαμβάνει ἃ κατέλιπε σεσημασμένα,
φάσκων τὰ ναυτικὰ χρήματα δεῖν ἐκ τούτων τῶν
8 γραμματείων κομίσασθαι. ἐπειδὴ δὲ χρόνῳ ἐδή-
λωσε τὸν θάνατον αὐτοῖς καὶ ἐποίησαν τὰ νομι-
ζόμενα, τὸν μὲν πρῶτον ἐνιαυτὸν ἐν Πειραιεῖ
διῃτῶντο· ἅπαντα γὰρ αὐτοῦ κατελέλειπτο τὰ ἐπι-
τήδεια· ἐκείνων δ' ἐπιλειπόντων τοὺς μὲν παῖδας
εἰς ἄστυ ἀναπέμπει, τὴν δὲ μητέρα αὐτῶν ἐκδί-
δωσιν ἐπιδοὺς πεντακισχιλίας δραχμάς, χιλίαις
9 ἔλαττον ὧν ὁ ἀνὴρ αὐτῆς ἔδωκεν. ὀγδόῳ δ' ἔτει
δοκιμασθέντος μετὰ ταῦτα τοῦ πρεσβυτέρου τοῖν
μειρακίοιν, καλέσας αὐτοὺς εἶπε Διογείτων ὅτι
καταλίποι αὐτοῖς ὁ πατὴρ εἴκοσι μνᾶς ἀργυρίου
καὶ τριάκοντα στατῆρας. "ἐγὼ οὖν πολλὰ τῶν
ἐμαυτοῦ δεδαπάνηκα εἰς τὴν ὑμετέραν τροφήν.
καὶ ἕως μὲν εἶχον, οὐδέν μοι διέφερε· νυνὶ δὲ καὶ
αὐτὸς ἀπόρως διάκειμαι. σὺ οὖν, ἐπειδὴ δεδοκί-
μασαι καὶ ἀνὴρ γεγένησαι, σκόπει αὐτὸς ἤδη
10 πόθεν ἕξεις τὰ ἐπιτήδεια." ταῦτ' ἀκούσαντες
ἐκπεπληγμένοι καὶ δακρύοντες ᾤχοντο πρὸς τὴν
μητέρα, καὶ παραλαβόντες ἐκείνην ἧκον πρὸς
ἐμέ, οἰκτρῶς ὑπὸ τοῦ πάθους διακείμενοι καὶ
ἀθλίως ἐκπεπτωκότες, κλάοντες καὶ παρακαλοῦν-
τές με μὴ περιιδεῖν αὐτοὺς ἀποστερηθέντας
τῶν πατρῴων μηδ' εἰς πτωχείαν καταστάντας,
ὑβρισμένους ὑφ' ὧν ἥκιστα ἐχρῆν, ἀλλὰ βοη-

θῆσαι καὶ τῆς ἀδελφῆς ἕνεκα καὶ σφῶν αὐτῶν. πολλὰ ἂν εἴη λέγειν, ὅσον πένθος ἐν τῇ ἐμῇ οἰκίᾳ 11 ἦν ἐν ἐκείνῳ τῷ χρόνῳ. τελευτῶσα δὲ ἡ μήτηρ αὐτῶν ἠντεβόλει με καὶ ἱκέτευε συναγαγεῖν αὐτῆς τὸν πατέρα καὶ τοὺς φίλους, εἰποῦσα ὅτι, εἰ καὶ πρότερον μὴ εἴθισται λέγειν ἐν ἀνδράσι, τὸ μέγεθος αὐτὴν ἀναγκάσει τῶν συμφορῶν περὶ τῶν σφετέρων κακῶν δηλῶσαι πάντα πρὸς ἡμᾶς. ἐλθὼν δ' ἐγὼ ἠγανάκτουν μὲν πρὸς Ἡγήμονα τὸν 12 ἔχοντα τὴν τούτου θυγατέρα, λόγους δ' ἐποιούμην πρὸς τοὺς ἄλλους ἐπιτηδείους, ἠξίουν δὲ τοῦτον εἰς ἔλεγχον ἰέναι περὶ τῶν πραγμάτων. Διογείτων δὲ τὸ μὲν πρῶτον οὐκ ἤθελε, τελευτῶν δὲ ὑπὸ τῶν φίλων ἠναγκάσθη. ἐπειδὴ δὲ συνήλθομεν, ἤρετο αὐτὸν ἡ γυνή, τίνα ποτὲ ψυχὴν ἔχων ἀξιοῖ περὶ τῶν παίδων τοιαύτῃ γνώμῃ χρῆσθαι, " ἀδελφὸς μὲν ὢν τοῦ πατρὸς αὐτῶν, πατὴρ δ' ἐμός, θεῖος δὲ αὐτοῖς καὶ πάππος. καὶ εἰ μηδένα ἀνθρώπων 13 ᾐσχύνου, τούς γε θεοὺς ἐχρῆν σε" φησί "δεδιέναι· ὃς ἔλαβες μέν, ὅτ' ἐκεῖνος ἐξέπλει, πέντε τάλαντα παρ' αὐτοῦ παρακαταθήκην. καὶ περὶ τούτων ἐγὼ ἐθέλω τοὺς παῖδας παραστησαμένη καὶ τούτους καὶ τοὺς ὕστερον ἐμαυτῇ γενομένους ὀμόσαι ὅπου ἂν οὗτος λέγῃ. καίτοι οὐχ οὕτως ἐγώ εἰμι ἀθλία, οὐδ' οὕτω περὶ πολλοῦ ποιοῦμαι χρήματα, ὥστ' ἐπιορκήσασα κατὰ τῶν παίδων τῶν ἐμαυτῆς τὸν βίον ἐκλιπεῖν, ἀδίκως δὲ ἀφελέσθαι τὴν τοῦ πατρὸς οὐσίαν·" ἔτι τοίνυν ἐξήλεγχεν αὐτὸν ἑπτὰ 14 τάλαντα κεκομισμένον ναυτικὰ καὶ τετρακισχιλίας δραχμάς, καὶ τούτων τὰ γράμματα ἀπέδειξεν· ἐν γὰρ τῇ διοικίσει, ὅτ' ἐκ Κολλυτοῦ διῳκίζετο εἰς τὴν Φαίδρου οἰκίαν, τοὺς παῖδας ἐπιτυχόντας ἐκβεβλημένῳ τῷ βιβλίῳ ἐνεγκεῖν πρὸς αὐτήν. ἀπέφηνε δ' αὐτὸν ἑκατὸν μνᾶς κεκομισμένον ἐγγείῳ ἐπὶ τόκῳ δεδανεισμένας, καὶ ἑτέρας δισχιλίας δραχμὰς καὶ ἔπιπλα πολλοῦ ἄξια· φοιτᾶν δὲ καὶ σῖτον αὐτοῖς ἐκ Χερρονήσου καθ' ἕκαστον ἐνιαυτόν. "ἔπειτα σὺ ἐτόλμησας" ἔφη "εἰπεῖν, ἔχων τοσαῦτα χρήματα, ὡς δισχιλίας δραχμὰς ὁ τούτων πατὴρ κατέλιπε καὶ τριάκοντα στατῆρας, ἅπερ ἐμοὶ καταλειφθέντα ἐκείνου τελευτήσαντος ἐγώ σοι ἔδωκα; καὶ ἐκβάλλειν τούτους ἠξίωσας θυγατριδοῦς ὄντας ἐκ τῆς οἰκίας τῆς αὐτῶν ἐν τριβωνίοις, ἀνυποδήτους, οὐ μετὰ ἀκολούθου, οὐ μετὰ στρωμάτων, οὐ μετὰ ἱματίων, οὐ μετὰ τῶν ἐπίπλων ἃ ὁ πατὴρ αὐτοῖς κατέλιπεν, οὐδὲ μετὰ τῶν παρακαταθηκῶν ἃς ἐκεῖνος παρὰ σοὶ κατέθετο. καὶ νῦν τοὺς μὲν ἐκ τῆς μητρυιᾶς τῆς ἐμῆς παιδεύεις ἐν πολλοῖς χρήμασιν εὐδαίμονας ὄντας· καὶ ταῦτα μὲν καλῶς ποιεῖς· τοὺς δ' ἐμοὺς ἀδικεῖς, οὓς ἀτίμους ἐκ τῆς οἰκίας ἐκβαλὼν ἀντὶ πλουσίων πτωχοὺς ἀποδεῖξαι προθυμεῖ. καὶ ἐπὶ τοιούτοις ἔργοις οὔτε τοὺς θεοὺς φοβεῖ, οὔτε ἐμὲ τὴν συνειδυῖαν αἰσχύνει, οὔτε τοῦ ἀδελφοῦ μέμνησαι, ἀλλὰ πάντας ἡμᾶς περὶ ἐλάττονος ποιεῖ χρημάτων." τότε μὲν οὖν, ὦ ἄνδρες δικασταί, πολλῶν καὶ δεινῶν

ὑπὸ τῆς γυναικὸς ῥηθέντων οὕτω διετέθημεν πάντες
οἱ παρόντες ὑπὸ τῶν τούτῳ πεπραγμένων καὶ τῶν
λόγων τῶν ἐκείνης, ὁρῶντες μὲν τοὺς παῖδας, οἷα
ἦσαν πεπονθότες, ἀναμιμνησκόμενοι δὲ τοῦ ἀποθα-
νόντος, ὡς ἀνάξιον τῆς οὐσίας τὸν ἐπίτροπον κατέ-
λιπεν, ἐνθυμούμενοι δὲ ὡς χαλεπὸν ἐξευρεῖν ὅτῳ
χρὴ περὶ τῶν ἑαυτοῦ πιστεῦσαι, ὥστε, ὦ ἄνδρες
δικασταί, μηδένα τῶν παρόντων δύνασθαι φθέγ-
ξασθαι, ἀλλὰ καὶ δακρύοντας μηδὲν ἧττον τῶν
πεπονθότων ἀπιόντας οἴχεσθαι σιωπῇ.

Πρῶτον μὲν οὖν τούτων ἀνάβητέ μοι μάρτυρες.

ΜΑΡΤΥΡΕΣ.

Ἀξιῶ τοίνυν, ὦ ἄνδρες δικασταί, τῷ λογισμῷ 19
προσέχειν τὸν νοῦν, ἵνα τοὺς μὲν νεανίσκους διὰ
τὸ μέγεθος τῶν συμφορῶν ἐλεήσητε, τοῦτον δ᾽
ἅπασι τοῖς πολίταις ἄξιον ὀργῆς ἡγήσησθε. εἰς
τοσαύτην γὰρ ὑποψίαν Διογείτων πάντας ἀνθρώ-
πους πρὸς ἀλλήλους καθίστησιν, ὥστε μήτε ζῶντας
μήτε ἀποθνῄσκοντας μηδὲν μᾶλλον τοῖς οἰκειοτά-
τοις ἢ τοῖς ἐχθίστοις πιστεύειν· ὃς ἐτόλμησε τὰ 20
μὲν ἔξαρνος γενέσθαι, τὰ δὲ τελευτῶν ὁμολογήσας
ἔχειν, εἰς δύο παῖδας καὶ ἀδελφὴν λῆμμα καὶ ἀνά-
λωμα ἐν ὀκτὼ ἔτεσιν ἑπτὰ τάλαντα ἀργυρίου καὶ
τετρακισχιλίας δραχμὰς ἀποδεῖξαι. καὶ εἰς τοῦτο
ἦλθεν ἀναισχυντίας, ὥστε οὐκ ἔχων ὅποι τρέψειε
τὰ χρήματα, εἰς ὄψον μὲν δυοῖν παιδίοιν καὶ ἀδελφῇ

πέντε ὀβολοὺς τῆς ἡμέρας ἐλογίζετο, εἰς ὑποδήματα δὲ καὶ εἰς ἱμάτια καὶ εἰς γναφεῖον καὶ εἰς κουρέως κατὰ μῆνα οὐκ ἦν αὐτῷ οὐδὲ κατ' ἐνιαυτὸν γεγραμμένα, συλλήβδην δὲ παντὸς τοῦ χρόνου
21 πλέον ἢ τάλαντον ἀργυρίου. εἰς δὲ τὸ μνῆμα τοῦ πατρὸς οὐκ ἀναλώσας πέντε καὶ εἴκοσι μνᾶς ἐκ πεντακισχιλίων δραχμῶν, τὸ μὲν ἥμισυ αὐτῷ τίθησι, τὸ δὲ τούτοις λελόγισται. εἰς Διονύσια τοίνυν, ὦ ἄνδρες δικασταί, (οὐκ ἄτοπον γάρ μοι δοκεῖ καὶ περὶ τούτου μνησθῆναι) ἑκκαίδεκα δραχμῶν ἀπέφηνεν ἐωνημένον ἀρνίον, καὶ τούτων τὰς ὀκτὼ δραχμὰς ἐλογίζετο τοῖς παισίν· ἐφ' ᾧ ἡμεῖς οὐχ ἥκιστα ὠργίσθημεν. οὕτως, ὦ ἄνδρες δικασταί, ἐν ταῖς μεγάλαις ζημίαις ἐνίοτε οὐχ ἧττον τὰ μικρὰ λυπεῖ τοὺς ἀδικουμένους· λίαν γὰρ φανερὰν
22 τὴν πονηρίαν τῶν ἀδικούντων ἐπιδείκνυσιν. εἰς τοίνυν τὰς ἄλλας ἑορτὰς καὶ θυσίας ἐλογίσατο αὐτοῖς πλέον ἢ τετρακισχιλίας δραχμὰς ἀνηλωμένας, ἕτερά τε παμπληθῆ, ἃ πρὸς τὸ κεφάλαιον συνελογίζετο, ὥσπερ διὰ τοῦτο ἐπίτροπος τῶν παιδίων καταλειφθείς, ἵνα γράμματα αὐτοῖς ἀντὶ χρημάτων ἀποδείξειε καὶ πενεστάτους ἀντὶ πλουσίων ἀποφήνειε, καὶ ἵνα, εἰ μέν τις αὐτοῖς πατρικὸς ἐχθρὸς ἦν, ἐκείνου μὲν ἐπιλάθωνται, τῷ δ' ἐπιτρόπῳ, τῶν πατρῴων ἀπεστερημένοι, πολεμῶσι.
23 καίτοι εἰ ἐβούλετο δίκαιος εἶναι περὶ τοὺς παῖδας, ἐξῆν αὐτῷ, κατὰ τοὺς νόμους οἳ κεῖνται περὶ τῶν ὀρφανῶν καὶ τοῖς ἀδυνάτοις τῶν ἐπιτρόπων καὶ

τοῖς δυναμένοις, μισθῶσαι τὸν οἶκον ἀπηλλαγμένον πολλῶν πραγμάτων, ἢ γῆν πριάμενον ἐκ τῶν προσιόντων τοὺς παῖδας τρέφειν· καὶ ὁπότερα τούτων ἐποίησεν, οὐδενὸς ἂν ἧττον Ἀθηναίων πλούσιοι ἦσαν. νῦν δέ μοι δοκεῖ οὐδεπώποτε διανοηθῆναι ὡς φανερὰν καταστήσων τὴν οὐσίαν, ἀλλ' ὡς αὐτὸς ἕξων τὰ τούτων, ἡγούμενος δεῖν τὴν αὑτοῦ πονηρίαν κληρονόμον εἶναι τῶν τοῦ τεθνεῶτος χρημάτων. ὃ δὲ πάντων δεινότατον, ὦ ἄνδρες 24 δικασταί· οὗτος γὰρ συντριηραρχῶν Ἀλέξιδι τῷ Ἀριστοδίκου, φάσκων δυοῖν δεούσας πεντήκοντα μνᾶς ἐκείνῳ συμβαλέσθαι, τὸ ἥμισυ τούτοις ὀρφανοῖς οὖσι λελόγισται, οὓς ἡ πόλις οὐ μόνον παῖδας ὄντας ἀτελεῖς ἐποίησεν, ἀλλὰ καὶ ἐπειδὰν δοκιμασθῶσιν ἐνιαυτὸν ἀφῆκεν ἁπασῶν τῶν λῃτουργιῶν. οὗτος δὲ πάππος ὢν παρὰ τοὺς νόμους τῆς ἑαυτοῦ τριηραρχίας παρὰ τῶν θυγατριδῶν τὸ ἥμισυ πράττεται. καὶ ἀποπέμψας εἰς τὸν Ἀδρίαν ὁλκάδα 25 δυοῖν ταλάντοιν, ὅτε μὲν ἀπέστελλεν, ἔλεγε πρὸς τὴν μητέρα αὐτῶν ὅτι τῶν παίδων ὁ κίνδυνος εἴη, ἐπειδὴ δὲ ἐσώθη καὶ ἐδιπλασίασεν, αὑτοῦ τὴν ἐμπορίαν ἔφασκεν εἶναι. καίτοι εἰ μὲν τὰς ζημίας τούτων ἀποδείξει, τὰ δὲ σωθέντα τῶν χρημάτων αὐτὸς ἕξει, ὅποι μὲν ἀνήλωται τὰ χρήματα, οὐ χαλεπῶς εἰς τὸν λόγον ἐγγράψει, ῥᾳδίως δὲ ἐκ τῶν ἀλλοτρίων αὐτὸς πλουτήσει. καθ' ἕκαστον μὲν 26 οὖν, ὦ ἄνδρες δικασταί, πολὺ ἂν ἔργον εἴη πρὸς ὑμᾶς λογίζεσθαι· ἐπειδὴ δὲ μόλις παρ' αὐτοῦ

παρέλαβον τὰ γράμματα, μάρτυρας ἔχων ἠρώτων
Ἀριστόδικον τὸν ἀδελφὸν τὸν Ἀλέξιδος (αὐτὸς
γὰρ ἐτύγχανε τετελευτηκώς) εἰ ὁ λόγος αὐτῷ εἴη
τῆς τριηραρχίας· ὁ δὲ ἔφασκεν εἶναι, καὶ ἐλθόντες
οἴκαδε εὕρομεν Διογείτονα τέτταρας καὶ εἴκοσι
μνᾶς ἐκείνῳ συμβεβλημένον εἰς τὴν τριηραρχίαν.
27 οὗτος δὲ ἐπέδειξε δυοῖν δεούσας πεντήκοντα μνᾶς
ἀνηλωκέναι, ὥστε τούτοις λελογίσθαι ὅσον περ
ὅλον τὸ ἀνάλωμα αὐτῷ γεγένηται. καίτοι τί αὐτὸν
οἴεσθε πεποιηκέναι περὶ ὧν οὐδεὶς αὐτῷ σύνοιδεν,
ἀλλ' αὐτὸς μόνος διεχείριζεν, ὃς ἃ δι' ἑτέρων
ἐπράχθη καὶ οὐ χαλεπὸν ἦν περὶ τούτων πυθέ-
σθαι, ἐτόλμησε ψευσάμενος τέτταρσι καὶ εἴκοσι
μναῖς τοὺς αὑτοῦ θυγατριδοῦς ζημιῶσαι; Καί μοι
ἀνάβητε τούτων μάρτυρες.

ΜΑΡΤΥΡΕΣ.

28 Τῶν μὲν μαρτύρων ἀκηκόατε, ὦ ἄνδρες δικα-
σταί· ἐγὼ δ' ὅσα τελευτῶν ὡμολόγησεν ἔχειν
αὐτὸς χρήματα, ἑπτὰ τάλαντα καὶ τετταράκοντα
μνᾶς, ἐκ τούτων αὐτῷ λογιοῦμαι, πρόσοδον μὲν
οὐδεμίαν ἀποφαίνων, ἀπὸ δὲ τῶν ὑπαρχόντων ἀνα-
λίσκων, καὶ θήσω ὅσον οὐδεὶς πώποτε ἐν τῇ πόλει,
εἰς δύο παῖδας καὶ ἀδελφὴν καὶ παιδαγωγὸν καὶ
θεράπαιναν χιλίας δραχμὰς ἑκάστου ἐνιαυτοῦ,
29 μικρῷ ἔλαττον ἢ τρεῖς δραχμὰς τῆς ἡμέρας. ἐν
ὀκτὼ αὗται ἔτεσι γίγνονται ὀκτακισχίλιαι δραχ-

μαί, ... ἓξ τάλαντα περιόντα τῶν ἑπτὰ ταλάντων καὶ εἴκοσι μναῖ τῶν τετταράκοντα μνῶν. οὐ γὰρ ἂν δύναιτο ἀποδεῖξαι οὔθ' ὑπὸ λῃστῶν ἀπολωλεκὼς οὔτε ζημίαν εἰληφὼς οὔτε χρήσταις ἀποδεδωκώς. . . .

XXXIII.

ΟΛΥΜΠΙΑΚΟΣ.

Ἄλλων τε πολλῶν καὶ καλῶν ἔργων ἕνεκα, ὦ ἄνδρες, ἄξιον Ἡρακλέους μεμνῆσθαι, καὶ ὅτι τόνδε τὸν ἀγῶνα πρῶτος συνήγειρε δι' εὔνοιαν τῆς Ἑλλάδος. ἐν μὲν γὰρ τῷ τέως χρόνῳ ἀλλοτρίως 2 αἱ πόλεις πρὸς ἀλλήλας διέκειντο· ἐπειδὴ δὲ ἐκεῖνος τοὺς τυράννους ἔπαυσε καὶ τοὺς ὑβρίζοντας ἐκώλυσεν, ἀγῶνα μὲν σωμάτων ἐποίησε, φιλοτιμίαν δὲ πλούτου, γνώμης δ' ἐπίδειξιν ἐν τῷ καλλίστῳ τῆς Ἑλλάδος, ἵνα τούτων ἁπάντων ἕνεκα εἰς τὸ αὐτὸ συνέλθωμεν, τὰ μὲν ὀψόμενοι, τὰ δὲ ἀκουσόμενοι· ἡγήσατο γὰρ τὸν ἐνθάδε σύλλογον ἀρχὴν γενήσεσθαι τοῖς Ἕλλησι τῆς πρὸς ἀλλή- 3 λους φιλίας. ἐκεῖνος μὲν οὖν ταῦθ' ὑφηγήσατο, ἐγὼ δ' ἥκω οὐ μικρολογησόμενος οὐδὲ περὶ τῶν ὀνομάτων μαχούμενος. ἡγοῦμαι γὰρ ταῦτα ἔργα μὲν εἶναι σοφιστῶν λίαν ἀχρήστων καὶ σφόδρα βίου δεομένων, ἀνδρὸς δὲ ἀγαθοῦ καὶ πολίτου πολλοῦ ἀξίου περὶ τῶν μεγίστων συμβουλεύειν, ὁρῶν οὕτως αἰσχρῶς διακειμένην τὴν Ἑλλάδα, καὶ πολλὰ μὲν αὐτῆς ὄντα ὑπὸ τῷ βαρβάρῳ, πολλὰς δὲ πόλεις ὑπὸ τυράννων ἀναστάτους γεγενημένας. 4 καὶ ταῦτα εἰ μὲν δι' ἀσθένειαν ἐπάσχομεν, στέργειν ἂν ἦν ἀνάγκη τὴν τύχην· ἐπειδὴ δὲ διὰ στάσιν καὶ τὴν πρὸς ἀλλήλους φιλονικίαν, πῶς οὐκ ἄξιον τῶν μὲν παύσασθαι τὰ δὲ κωλῦσαι, εἰδότας ὅτι φιλονικεῖν μέν ἐστιν εὖ πραττόντων, γνῶναι δὲ τὰ βέλτιστα τῶν ἀτυχούντων; ὁρῶμεν γὰρ τοὺς κινδύνους καὶ μεγάλους καὶ πανταχόθεν περιεστηκότας· ἐπίστασθε δέ, ὅτι ἡ μὲν ἀρχὴ τῶν κρατούντων τῆς θαλάττης, τῶν δὲ χρημάτων βασιλεὺς ταμίας, τὰ δὲ τῶν Ἑλλήνων σώματα τῶν δαπανᾶσθαι δυναμένων, ναῦς δὲ πολλὰς μὲν αὐτὸς κέκτηται, πολλὰς δ᾽ ὁ τύραννος τῆς Σικελίας. ὥστε ἄξιον τὸν μὲν πρὸς ἀλλήλους πόλεμον καταθέσθαι, τῇ δ᾽ αὐτῇ γνώμῃ χρωμένους τῆς σωτηρίας ἀντέχεσθαι, καὶ περὶ μὲν τῶν παρεληλυθότων αἰσχύνεσθαι, περὶ δὲ τῶν μελλόντων ἔσεσθαι δεδιέναι, καὶ τοὺς προγόνους μιμεῖσθαι, οἳ τοὺς μὲν βαρβάρους ἐποίησαν τῆς ἀλλοτρίας ἐπιθυμοῦντας τῆς σφετέρας αὐτῶν ἐστερῆσθαι, τοὺς δὲ τυράννους ἐξελάσαντες κοινὴν ἅπασι τὴν ἐλευθερίαν κατέστησαν. θαυμάζω δὲ Λακεδαιμονίους πάντων μάλιστα, τίνι ποτὲ γνώμῃ χρώμενοι καιομένην τὴν Ἑλλάδα περιορῶσιν, ἡγεμόνες ὄντες τῶν Ἑλλήνων οὐκ ἀδίκως καὶ διὰ τὴν ἔμφυτον ἀρετὴν καὶ διὰ τὴν τῶν πρὸς τὸν πόλεμον ἐπιστήμην, μόνοι δὲ οἰκοῦντες ἀπόρθητοι καὶ ἀτείχιστοι καὶ ἀστασίαστοι καὶ ἀήττητοι καὶ τρόποις ἀεὶ τοῖς αὐτοῖς χρώμενοι· ὧν ἕνεκα ἐλπὶς ἀθάνατον τὴν ἐλευθερίαν αὐτοὺς κεκτῆσθαι, καὶ ἐν τοῖς παρεληλυθόσι κινδύνοις σωτῆρας γενομένους τῆς Ἑλλάδος περὶ τῶν 8 μελλόντων προορᾶσθαι. οὐ τοίνυν ὁ ἐπιὼν καιρὸς τοῦ παρόντος βελτίων· οὐ γὰρ ἀλλοτρίας δεῖ τὰς τῶν ἀπολωλότων συμφορὰς νομίζειν ἀλλ᾽ οἰκείας, οὐδ᾽ ἀναμεῖναι, ἕως ἂν ἐπ᾽ αὐτοὺς ἡμᾶς αἱ δυνάμεις ἀμφοτέρων ἔλθωσιν, ἀλλ᾽ ἕως ἔτι ἔξεστι, τὴν τού- 9 των ὕβριν κωλῦσαι. τίς γὰρ οὐκ ἂν ἀγανακτήσειεν ὁρῶν ἐν τῷ πρὸς ἀλλήλους πολέμῳ μεγάλους αὐτοὺς γεγενημένους; ὧν οὐ μόνον αἰσχρῶν ὄντων ἀλλὰ καὶ δεινῶν, τοῖς μὲν μεγάλα ἡμαρτηκόσιν ἐξουσία γεγένηται τῶν πεπραγμένων, τοῖς δὲ Ἕλλησιν οὐδεμία αὐτῶν τιμωρία . . .

NOTES.

The grammatical works most frequently referred to are: Goodwin's Greek Grammar, (G.); The Moods and Tenses of the same author, — the revised and enlarged edition of 1890, (G. MT.); the Greek Grammar of Hadley and Allen, (H-A.). References to these are made to the sections. For the full titles of other works, when not given in the notes, see the list of books given in Appendix C.

ORATION VII.

INTRODUCTION.

The culture of the olive was introduced into Attica at an early period in her history, and probably from the Ionian coast of Asia Minor.[1] The chalky and rather dry soil of Attica was better suited to the olive than to cereals, and olives were soon raised in sufficient quantities to make them an article of export. Among the laws of Solon were regulations for the protection of olive trees, and for the encouragement of their culture. In popular belief the olive was the direct gift of Athena to the Athenians. The laws for its protection had the sanction of religious faith. These laws were very strict. The owner of olive trees was not allowed, under a penalty of two hundred drachmae, to use more than two for private purposes in any one year. In addition to the olive trees belonging to individuals, there were many which were the property of the state. There was a grove of these near the Academy, but many stood on private estates.

They were called μορίαι, and were under the care of the council of the Areopagus, which each year appointed overseers to look after them, and inquired into their condition every month (§ 25). The

---

[1] Hehn, "Wanderings of Plants," p. 83.

owner of a field in which one of these μορίαι stood was forbidden to cut it under penalty of exile and confiscation of property. The encroachment by cultivation upon the roots of the trees was punished by a fine. The olive is very tenacious of life, and will often send out new shoots from a stump if the tree itself has been cut down or burned off. (See the story in Herodotus, VIII, 55.) During the course of the Peloponnesian war many of the μορίαι had been thus destroyed, and after the government had been restored, the stumps wherever they stood were protected by a fence. This was called a σηκός, which name was also given to the stump itself. The present speech is for a defendant, whose name is not given, charged with having removed a σηκός.

The crime came under the head of sacrilege (ἀσέβεια), and the trial was before the court of the Areopagus. If found guilty, the defendant must suffer the punishment stated above, as the crime was one of the class in which the penalty was fixed by law, and could not be satisfied by the payment of a fine. The date of the case is not earlier than B.C. 395, as appears from §§ 11 and 42. The oration is discussed by Blass, p. 598 f., Jebb, p. 289 f.

PAGE 1. ΑΡΕΟΠΑΓΙΤΙΚΟΣ before the court of the Areopagus. See Appendix A. *the main court*

1. ἄγοντι: G. 277, 4; H-A. 969, d.   δίκας: used here in its most general sense and including γραφή, from which it is usually distinguished as a private suit or civil action.   καί: "even." τοὺς μηδέπω γεγονότας: rhetorical exaggeration. Cp. 12, 100. The phrase occurs in Aeschines, Against Timarchus, § 134.   οἱ κίνδυνοι: "the well-known dangers," of suits brought for purposes of blackmail.   πολλά: cognate accusative.

2. καθέστηκεν: a very common verb in Lysias. Out of a total number of 132 occurrences of all the compounds of ἵστημι, 92 are forms of καθίστημι. Its meanings should be carefully studied in Liddell and Scott's larger lexicon. Nearly all of them can be illustrated by examples in Lysias. The simple verb ἵστημι is found but three times in Lysias, 1, 24; 18, 3; 34, 10.   ὥστε ἀπεγράφην: a condensed form of expression. This trial has been made so difficult for me that I have no definite charge to meet, for I was first indicted, etc. ἀπεγράφην: was made defendant in an action called ἀπογραφή. See Meier and Schömann, Attischer Process, p. 302 ff. ἐλάαν: the forms of this word in the Attic inscriptions are almost exclusively without ι. See Meisterhans, Grammatik der Attischen Inschriften, p. 24. Here one of the μορίαι is meant. τοὺς ἐωνημένους: see introduction to this speech. πυνθανόμενοι: "making inquiries." Cp. 12, 2; Aristophanes, Achar. 204; Thesm. 619. νυνί: they have changed their original charge so recently that he has not had time to prepare a defence. See also the next section. σηκόν: see introduction. βούλωνται: G. 232, 3; H-A. 916.

3. ἐπιβεβουλευκώς: cp. 19, 3.   τοῖς διαγνωσομένοις: G. 276, 1; H-A. 966.   πατρίδος, οὐσίας: The penalty, if convicted, was exile and confiscation of one's property.

Page 2. 4. Πεισάνδρου: one of the leaders of the revolution of 411 B.C. After the fall of the Four Hundred he escaped from Athens, and his property was confiscated. See 12, 66, and Curtius, Hist. Greece, III, pp. 465, 487.   Ἀπολλόδωρος: one of the murderers of Phrynicus. For this he was rewarded with the gift of this piece of land. One original document in his case has been preserved. Corpus Inscriptionum Atticarum, 1, 59. See also an article in Hermes, 11, 378.   εἰρήνης οὔσης: G. 277, 1; H-A. 970. Cp. 12, 95; 22, 15. The peace of 404 B.C. is meant. ὠνοῦμαι: for manuscript ὠνούμην, as the imperfect of this verb is not used in Attic in the sense of the aorist.

5. ἐκτησάμην: "took possession."   χρόνου: probably used as a genitive of cause, though this construction is not found elsewhere with this verb. The expression is shortened for τῶν ἐν τῷ πρ. χρόνῳ.   ἂν ζημιοῦσθαι: G. 226, 3; MT. 472; 479, 2; 511. δι' ἡμᾶς: cp. 12, 58. For the difference between the gen. and acc. see Jelf, § 627, obs. 4, p. 303.   ὡς: G. 277, n. 2 (a); H-A. 978.

6. ὁ πόλεμος: notice the article here and near the end of the section.   τὰ μὲν πόρρω: "the outlying districts." Those farther from Athens and near Decelea, which was held by the Lacedaemonians.   τῶν φίλων: to prevent their affording subsistence to the

enemy. See Thucyd. 2, 14. δίκην διδόναι (δοῦναι) : "suffer punishment." ἄλλως τε καὶ ὅτι : "especially since." πλέον ἢ τρία ἔτη : "more than three years," but not four. For the form πλέον. Meisterhans, p. 120.

7. ἐξέκοπτον : 3d pers. pl.   ὅσῳ μάλιστα : G. 188, 2 ; H-A. 781. ἐπιμελεῖσθε : cp. § 25.   ὄντα : the imperfect participle. G. 280, 204, n. 1 ; H-A. 982, 856, a. With καί the relative construction is dropped.   παρ' αὐτῶν δίκην λαμβάνειν : "to exact punishment from them," "to punish them." The correlative to δίκην διδόναι.

PAGE 3. **8.** ἦ που : "surely." Cp. 12, 35.   ἀφ' ὑμῶν : join with ἀζημίους.

9. ἀλλὰ γάρ : cp. 12, 40, 99.   ἐπὶ Πυθοδώρου ἄρχοντος : B.C. 404–403.

10. οὑτοσί : indicates that Demetrius was present in court. See an article by Blass in Rheinisches Museum, 44, 2 ff.   τέθνηκε : to explain why he was not called as a witness.   ἐμισθώσατο : G. 199, n. 2 ; H-A. 816, 10.   μάρτυρες : see Appendix A.

11. ἐπὶ Συνιάδου ἄρχοντος : B.C. 397–396.   μὴ εἶναι : G. MT. 685 ; L. and S. under μή ; B. 5, C.   ψευδόμενον : G. 279, 2 ; H-A. 982.   ἃ μὴ ἦν : G. 231 ; H-A. 913. According to modern ideas of evidence the case is now proven. The Greeks, however, were fond of arguments based on probabilities, and the larger portion of many speeches is devoted to such considerations as follow here. The explanation of this is to be found in the early connection of oratory with sophistic rhetoric. This habit is seen more in the earlier orators.

12. φάσκοιεν : G. 233 ; H-A. 914, B.   δεινόν : "shrewd." δεινός shows in its development much the same changes as English "awful."   ἀκριβῆ : "close."   εἰκῆ : "rashly." Adverbs of this form were spelled in Attic (inscriptions) with "ι subscript." Meisterhans, § 57. Etymologically, however, they are instrumentals, and not datives. Gustav Meyer, Griech. Gram. § 388. ἠγανάκτουν ἄν : G. 206 ; H-A. 835.

PAGE 4. ἂν βουλοίμην: G. 226, 2, b; H-A. 903. A more extended discussion in G. MT. 233 f. ἡγῆσθε: G. MT. 180. ἐγίγνετο: G. 222, n. 1.

13. ὕβρεως: "malicious mischief." ἀντιδίκους: "opponents." Usually "defendants."

14. κινδύνων: G. 180, 1; H-A. 753. πολλὰς ἄν ... ἀποφήναιμι: G. 227, 1; H-A. 901, b. The conditional force of the ἄν goes with the participle as well as the optative: γενομένας = αἳ ἂν ἐγένοντο.

15. ἐξέκοπτον: G. MT. 404. So ἐκινδύνευον, below. δέον: G. 277, n. 3, 278, 2; H-A. 973. αἰσχρόν: not bad enough to be punished by law, but condemned by public sentiment. νῦν: as the case stands on his (the accuser's) showing.

16. ἔμελλον ἕξειν: "was sure to hold."

PAGE 5. ἐπ' ἐκείνοις: "in their power." By the Athenian law, slaves, by giving information of criminal acts done by their master, earned their own freedom. See the argument based on this fact in § 35. μηνύσασιν: "by informing." ἐλευθέροις: G. 136, n. 3; H-A. 941.

17. προθεσμίας: "statute of limitations." According to Meier and Schömann, A. P. p. 840, this is the only legal action for which it is expressly stated that there is no such limitation to the right of prosecution. οὔσης: is causal and subordinated to προσῆκον, which is itself also causal. εἶχον: G. 216, 3; H-A. 884. ἀπολύσαντες, καθιστάντες: G. MT. 904, 914; H-A. 981, 986. μετόχους: predicate adjective with καθιστάντες. Cp. ἀτίμους, 12, 21.

18. παρεσκευασάμην: "fixed." πεῖσαι: "bribe." So also in § 21 and often. A fuller expression in Herodotus, 8, 4. τοὺς περιοικοῦντας: Hamaker's reading for τοὺς παριόντας ἤ. "Those passing by are considered in § 15, the servants in § 16, the tenants in § 17, and the neighbors naturally form a class by themselves here." ἀποκρυπτόμεθα: of attempted action. G. 200, n. 2; H-A. 825. μηδένα: G. 283, 6; H-A. 1029. Cp. Thucyd. 2, 53. περὶ ὧν ... περὶ ἐκείνων: "the usual περὶ ἐκείνων ἅ, or περὶ ὧν, is made

more emphatic by the form of the sentence in which the antecedent is expressed after the relative and the preposition repeated with it." Bohlmann. The same order of clauses in § 30. **οἱ μέν ... οἱ δέ**: for the accent of ὁ, ἡ, οἱ, αἱ in this use, see G. 29, n. 2; H-A. 272, b; Kühner-Blass, 1, p. 336.

19. ἔχρην: G. 222, n. 2; H-A. 897.   **φησὶν ὡς**: a rare construction. G. MT. 753.   **ἀναθέμενος**: "loading on a cart." The verb occurs only here in Lysias.   **ἀπάγων**: G. 279, 4, n.

20. χρῆν: used like ἔχρην in 19. For the difference in form, see Gustav Meyer, §§ 481, 485, n. 2.

PAGE 6. **ἦσθα ἂν τετιμωρημένος**: "you would have been avenged on me." The periphrastic form of the pluperfect expresses the result of the action. G. MT. 45. The tenses of this and the following clause should be carefully studied.

21. φανεροῦ γὰρ ὄντος: G. 277, 4, 278, 1; H-A. 971, b.   **ὑπὸ τῆς ἐμῆς δυνάμεως**: such a charge on the part of a plaintiff was not uncommon. See, for example, 14, 21; 27, 6.

22. ὡς φῄς μ' ἰδών: so Blass for manuscript φῄς μὴ δεῖν.   **ἐπήγαγες**: summoning a magistrate to the spot where a crime was being committed was called ἐφήγησις. It was the opposite proceeding to ἀπαγωγή, in which the complainant himself arrested the offender, and took him before the magistrate. See Meier and Schömann, A. P. p. 293.   **τοὺς ἐννέα ἄρχοντας**: the King-Archon (βασιλεύς) was the proper officer. The plural is used for the singular.   **ἄλλους τινάς**: not "some others of the Areopagus," but "others, namely, some of the Areopagus." A common use of ἄλλος. See §§ 25, 30, 32; G. 142, 2, n. 3; H-A. 705. This passage cannot be used to prove that the Archons during their year of office were *ex officio* members of the Areopagus. See also Appendix A.

23. πάσχω: "I am treated." H-A. 820.   **οὐ γὰρ δήπου ... μαρτύρων**: "for he will not, of course, when playing the sycophant, be unprovided with both witnesses and such statements"; that is, with such statements as the accuser is charged with making in § 21.

24. ἐν τῷ πεδίῳ: see Curtius, Hist. of Greece, I, 317; the English translation of Kiepert's Manual of Ancient Geography, p. 162; Baedeker's Hand-book for Greece, p. 104. **πυρκαϊάς**: a word of uncertain meaning. Probably olive trees which had been burned and sprouted again from the stump. **ἦν ἀσφαλέστερον**: G. 222, n. 2; MT. 415, 416; H-A. 897. **ἐπεργάσασθαι**: "to encroach upon," so in § 29. Cp. § 25 and Thucyd. 1, 139, ἐπεργασία γῆς ἱερᾶς. **ἧττον . . . ἔμελλε δῆλον ἔσεσθαι**: "was less like to be found out." **πολλῶν οὐσῶν**: causal. **ἄλλην**: "besides." See note on ἄλλους, § 22.

25. περὶ πολλοῦ ποιοῦμαι: and in § 26 περὶ οὐδένος ἡγοῦμαι. H-A. 803, 1, b; L. and S. περί, A. IV.

PAGE 7. **ὑμᾶς αὐτοὺς παρέχομαι**: instead of the usual παρέξομαι. Cp. 12, 74. **ἑκάστου μηνός**: this they did at their monthly sittings. It is the true genitive of time. G. 179, 1; H-A. 759; Its use is confined to a comparatively small number of words. See Delbrück, "Die Grundlagen der Griechischen Syntax," p. 45; Jelf, Greek Gram. § 523. **ἐπιγνώμονας**: these inspectors perhaps looked after the *condition* of the trees, while the members of the Areopagus assured themselves of their existence. **ὡς**: G. 277, n. 2; H-A. 978.

26. οὐ μέν . . . δέ: the first clause is really subordinated to the second. "While, or although, I care so much for," etc. So in the next clause, in § 35, and often. Jelf, 764 f. **ἐξῆν, οἷόν τ' ἦν**: see note on ἀσφαλέστερον ἦν, § 24.

27. ὡς τότε . . . διαβεβλημένος: "as one who had influence at that time, or in bad repute now." The suspicion of being *persona grata* with the Thirty was greatly dreaded.

28. εἶναι: G. 203, n. 1; H-A. 853, a.

PAGE 8. **29. εἰς κίνδυνον καταστῆσαι**: "to bring to trial." **οὔτ' ἐπιμελητὴς ᾑρημένος**: and so not having any official duty in the case. **εἰδέναι**: depends upon ἡλικίαν.

30. ταῦτα: object of λεγόντων, which agrees with ἐχθρῶν and forms the object of ἀνασχέσθαι. **ἐνθυμουμένους**: in agreement with the omitted subject of the infinitives. G. 138, n. 8 (a) and (b); H-A. 941.

31. Here follows the usual recital by the accused of his services to the state. For details about the various classes of contributions here mentioned, see under the separate heads in dictionaries of antiquities. Also Gilbert, Griech. Staatsaltertümer, 1, p. 341 f. **λῃτουργῶν**: for the form, see Meisterhans. G. A. I. § 15, 3.

32. ποιῶν: represents the imperfect. **ἐκέρδαινον**: G. 222, n. 1.

33. τοῖς μεγάλοις: his whole attitude as a citizen. **τῶν μεγάλων**: his life and property. **πιστότερα**: in the predicate agreeing with the antecedent of ὧν. **περὶ ὧν κατηγορεῖ**: instead of the usual ὃ κατηγορεῖ for rhetorical effect.

34. μάρτυρας ... προσῆλθον: this constituted a formal πρόκλησις or summons. Meier and Schömann, A. P. p. 890 f.

PAGE 9. βούλοιτο: G. 247, n. 1. **ἰσχυρότερον**: great weight was laid upon the evidence of slaves when given under torture. See the work just cited, p. 889, and the references there given.

35. For the line of argument, see note on § 16. The clause ἐμοί ... εἶναι forms an apodosis to what follows. εἰ goes properly with the clause beginning περὶ δέ. μέν is used as noticed in § 26. **πεφύκασι**: "are naturally."

36. καὶ μὲν δή: "and then too." **ἐμαυτῷ συνειδέναι**: "to be conscious of guilt." Often used with accusative of the object. **παραδιδόντος**: "offering to furnish." So often δίδωμι in pres. and impf. G. 200, n. 2; H-A. 825. **γνώμην σχεῖν**: "to form an opinion." γνώμην ἔχειν, "to hold an opinion." **ἄλλως τε καί**: as in § 6. The causal participle, as here, is the more common.

37. οὐδεμιᾷ ζημίᾳ: that is, in any legal procedure. He would, however, be obliged to pay the master for injury done to the slaves by the torture. **ἔνοχος ἦν**: G. MT. 431. **ἐγώ ... ἀφικόμην**: "I was thus eager." For the gen., cp. 12, 22. **μετ' ἐμοῦ**: "for my advantage." **τεκμηρίων**: see Appendix A.

38. οἷς: "for whom," "in whose favor." The plural represents a class, of whom the defendant is one. In the parallel clause the sing. makes the accuser more prominent. τετόλμηκε: supply μαρτυρεῖν. Before πότερον in each clause supply ἐνθυμεῖσθαι χρή.

PAGE 10. ὑπὲρ τῆς πόλεως βοηθεῖν: "to seek to aid the state," "to appear for the state." συκοφαντοῦντα αἰτιάσασθαι: "played the sycophant in becoming my accuser."

39. ὅσῳ γάρ ... μάλιστα: "for inasmuch as dangers (arising from charges) of this sort are the most easily incurred, by just so much do all seek to avoid them."

40. ὅ τι: G. 159, n. 2; H-A. 716, b. He means that he allowed the law to take its course, trusting to the justice of his case.

41. Form of the conditional clause. G. MT. 447, and note, 505.

42. ἐνθάδε: before the court of the Areopagus, where, more strictly than elsewhere, arguments were kept to the case in hand. See 3, 46. The matters briefly mentioned in § 41 are usually treated at greater length. Cp. Oration 16. Meier and Schömann, A. P. p. 933.

ORATION XII.

INTRODUCTION.

This speech has a twofold interest. It gives us information about the life of Lysias, and is, at the same time, a valuable document for the history of Athens during the year 404–403 B.C. In the latter year after the overthrow of the government of the Thirty, and when most of them with their adherents had taken refuge at Eleusis, the two factions at Athens effected a reconciliation, re-established the government, and proclaimed an amnesty. The terms of this amnesty are given with slight variations by Andocides, On the Mysteries, § 90, and Aristotle, Ἀθηναίων πολιτεία, chap. 39. They are thus stated by the latter: τῶν δὲ παρεληλυθότων μηδενὶ πρὸς μηδένα μνησικακεῖν ἐξεῖναι, πλὴν πρὸς τοὺς τριάκοντα καὶ τοὺς δέκα καὶ τοὺς ἕνδεκα καὶ τοὺς τοῦ Πειραιέως ἄρξαντας, μηδὲ πρὸς τούτους ἐὰν διδῶσιν εὐθύνας. In Kenyon's translation: "There should be a universal amnesty concerning past events towards all persons except the Thirty, the Ten, the Eleven, and the magistrates in Peiraeus; and these too should be included if they should submit their accounts in the usual way."

It seems probable that Eratosthenes, not very long after this, submitted his accounts, and presented himself for examination on his conduct while in office. The judicial proceeding was termed γραφὴ περὶ εὐθυνῶν. (For the details of this action, see Meier and Schömann, A. P. p. 257-269.) The *logistae*, or accounting officers, examined the accounts submitted, received any charge made against the official, and then referred the whole case to a court of 501 jurymen for final decision. Lysias then, having previously brought his charge, made this speech in support of it before the jury. The law required the accuser to specify some one illegal act, and not to make merely a sweeping charge of malfeasance. In keeping with this regulation the speech falls into two parts, — A, §§ 1-36, the special charge, and B, §§ 37-100, the general arraignment. In this way, while complying with the law, he manages to put his case on its strongest ground, — the general character of the rule of the Thirty. The speech is considered Lysias' masterpiece. It differs from all others of his in law cases in that the orator spoke it himself. Lysias' object in this case — to secure Eratosthenes' death — was not easy of attainment. There was a very general disinclination to increase the large number of those who had fallen victims in one way or another to the strife of parties. Then, too, Eratosthenes had not been a prominent member of the Thirty. Cp. § 89. He placed much dependence upon the fact that he had belonged to the faction of Theramenes, § 62. There must have been many then sitting as jurors who favored him as a representative of the party of moderate oligarchs. He had advocates, §§ 84-86, and witnesses, § 87.

It is almost certain that he was not condemned to death, and not improbable that he was acquitted.

The speech is treated by Blass at p. 539 f., and by Jebb, p. 261 f.

Page 12. The title indicates what has been noticed as remarkable in this speech, that it was delivered by the author himself.

ON : = ὅν. Breathings and accents are rarely written with capital letters.

1. λέγοντι : G. 138, n. 8 ; H-A. 941. τοιαῦτα αὐτοῖς : the omission of γάρ gives forcible abruptness. ἄν : goes with δύνασθαι, whose subject is indefinite "one." ψευδόμενον : conditional. δεινότερα : cognate accusative with καταγορῆσαι. τἀληθῆ : object of εἰπεῖν, which is to be supplied also with ἅπαντα.

2. δοκοῦμεν : the plural includes himself and all others who may be hereafter in a similar position. τοὐναντίον πείσεσθαι (πάσχω) : "shall proceed in an opposite way." πρὸ τοῦ : G. 143, 2 ; H-A. 655, d. τὴν ἔχθραν : anticipation or prolepsis. H-A. 878. ἔχθρα in a legal sense, "ground of complaint," "cause of action." εἴη : G. 233 ; H-A. 914, B. ἀνθ' ὅτου : "that." The clause just previous may be viewed as the antecedent of ὅτου. H-A. 999. The speaker is trying to shift the burden of proof on to the defendant. τοὺς λόγους : "this statement." οὐ ... ὡς οὐκ ἔχων ... ἀλλ' ὡς : "not because I have not ... but because."

3. πράγματα πράττειν : "to manage business," and in particular law business, "to conduct a case." τούτου : G. 173, 2 n. ; H-A. 752.

Page 13. κατέστην : G. 237, and remark ; H-A. 927. For the aorist with πολλάκις, see § 41 and note there. ποιήσομαι : G. 218, n. 1 ; MT. 367 ; H-A. 887, b. Explanation is not easy. Cp. Krüger, 54, 8, 12. ἀναξίως : in a manner unworthy of the importance of the case. ἀδυνάτως : "unskilfully." This statement is in full keeping with the facts here, as this was Lysias' first appearance in court. Similar pleas of inexperience were, however, very common and conventional. δι' ἐλαχίστων : usually διὰ βραχυτάτων, as in § 62.

4. Cephalus came from Syracuse to Athens. The scene of Plato's Republic is laid at his house in the Peiraeus. δίκην ἐδικασάμεθα : H-A. 816, 8. οὐδενί : depends upon ἐδικασάμεθα. ἐφύγομεν : "mere defendants in an action at law," "were sued."

5. κατέστησαν: "were settled." The most common meaning of the 2d aor. in Lysias. **προτρέψαι**: cp. Isocrates, 2, 8. **τοιαῦτα**: the statements just made. **λέγοντες**: "although they *said*." **οὐ ... ἐτόλμων**: "they could not bring themselves to." For the statement, cp. Aristotle, Ἀθηναίων πολιτεία, chap. 35, p. 95.

6. ἐν τοῖς τριάκοντα: in their meetings. **μετοίκων**: "metics," resident aliens at Athens. There were two classes of them, to the more favored of which Lysias belonged. See Gilbert, Handbuch der Griech. Staatsaltertümer, 1, p. 168 f. Their position was similar to that of the Jews in some of the cities of Europe two centuries ago. **εἶναι**: infinitive of indirect statement. Its subject is πρόφασιν upon which δοκεῖν τιμωρεῖσθαι depends. **πένεσθαι, δεῖσθαι**: like εἶναι.

7. ἔπειθον: the attempt to persuade. Cp. § 58. **ᾖ**: G. 216, 2; H-A. 881, and a. Lysias uses the subjunctive in final clauses depending on a past tense nearly as often as the optative. See the statistics in the treatise by Weber in Schanz's Beiträge, 2, p. 21 f., and in G. MT. p. 114, n. Usually the subjunctive denotes that the reason expressed in the purpose clause is to extend beyond the time of the main action.

PAGE 14. **πεποιηκότες**: "as if they had acted fairly in some one of their other deeds." The plural is used as if the previous clause had been ἵνα ἀπολογίαν ἔχωσιν. **διαλαβόντες ... ἐβάδιζον**: "distributing the houses (of those to be seized), they started on their errand." Forcibly entering a man's house was not legal. See Dem. On the Crown, § 132, Agt. Androtion, § 52. Even for the purpose of making a "summons" it was not allowed. Meier and Schömann, A. P. 784; Lysias, Or. 23, § 2.

8. ἀπεγράφοντο: "had a list made." Cp. 17, 4. **εἰ βούλοιτο**: G. 243; H-A. 930, 932, 2.

9. εἰ εἴη: in the direct form ἐὰν ᾖ. With ἔφασκεν understand σώσειν. **εἴην**: see references for βούλοιτο in § 8. Just below νομίζει is retained in the original form. Cp. also examples of both constructions in § 15.

ORATION XII.

10. σώσειν: depends on ὤμοσεν, to which is added the clause ἐξώλειαν ... ἐπαρώμενος to express the manner. τὸ δωμάτιον: "the bedroom." Aristophanes, Lys. 160. τὴν κιβωτόν: "the chest." The article marks it as the usual place for such treasures.

11. οὐχ ὅσον ... ἀλλά: "not only as much as ... but." κυζικηνούς: *i.e.* στατῆρας. Cp. 32, 6. A gold coin worth about 28 drachmae. See Head, Historia Numorum, p. 449. δαρεικούς: the daric was worth about 20 drachmae. Head, p. 698. φιάλας: see Guhl and Koner, p. 152. ἐφόδια: money enough for the journey he must take. The word occurs in 16, 14, of soldiers' supplies. ἀγαπήσειν: "think myself fortunate." Cp. 32, 15. For the form of condition, see G. 223, n. 1, H-A. 899; also Gildersleeve in Transactions Am. Philol. Association for 1876, p. 4.

12. ἐξιοῦσι: the sing. is used in § 72, though there is some difference in the grouping of the persons. αὐταῖς ταῖς θύραις: "right at the door." ἐρωτῶσιν: historical present, and so followed by the optative in the indirect question. G. 201, remark.

PAGE 15. τἀδελφοῦ: G. 141, n. 4; H-A. 730, a. σκέψηται: direct form βαδίζω ἵνα σκέψωμαι.

13. ὡς ἥξων: G. 277, 3, n. 2 (a); H-A. 969, c, 978. ὑπάρχοντος: "was at hand." Causal. ὡς indicates that it was the speaker's belief at that time.

14. ἀδικῶ οὐδέν: "I am doing no wrong." οὐδέν like ταῦτα in the next sentence is cognate acc. G. 159, n. 2; H-A. 716, b. ἀπόλλυμαι: G. MT. 32. Cp. examples in 38. πρόθυμον: agrees with δύναμιν by a sort of personification. διδοίη: G. MT. 116, 2. Opt. of indirect discourse. The original mood is to be determined from the tense of the apodosis.

15. ἀμφίθυρος: probably means having an entrance in front and in the rear. See on this much-disputed point Göll's edition of Bekker's Charicles, vol. 2, p. 137 f. ταύτῃ: see note on εἰκῇ, 7, 12. In the following clause the direct form is used as far as ληφθῶ. The conclusion to the second protasis, ἐὰν ληφθῶ, is itself divided into a double condition and conclusion. ἡγούμην gives greater clearness of expression by breaking up a long sentence. The μέν with ἡγούμην belongs logically with εἰ εἴη. If the bribe were accepted, his attempt at escape would be no damage to him. If not, then (if he did not get away) he must die.

16. ἔφευγον: "I fled." τριῶν δὲ θυρῶν: see note on ἀμφίθυρος, § 15. Little is known about the details of the Greek house of this time. The three doors may have been, 1st, the μέσαυλος θύρα; 2d, the θύρα ἐς τὸν κῆπον φέρουσα (Dem. 47, 53); 3d, a door from the garden into the street.

PAGE **16.** ἄστυ: without the article. Cp. 32, 8. H-A. 661. Like English "to town." The house of Arch. was in the Peiraeus. ἥκων: "returning." Cp. ἐλθόντες, § 54. ἐν τῇ ὁδῷ: an important argument is based on this fact.

17. τό ... παράγγελμα: "the order common in their time." ἐπί is used as in ἐπὶ τῶν τριάκοντα. πρὶν εἰπεῖν: before telling, and of course without telling at all. πολλοῦ ἐδέησε: H-A. 743, b; Hogue, Irreg. Verbs, p. 69. κριθῆναι: G. MT. 749.

18. τριῶν ... οὐσῶν: G. 277, 5; H-A. 971. Before οὐδεμιᾶς a preposition seems to be needed. Weidner proposes οὐδ' ἐκ μιᾶς. κλείσιον: for the spelling, see Meisterhans, p. 40, and n. 328. αἰτοῦσιν: agrees with a pronoun to be supplied, referring to φίλων. With ἔτυχεν supply δούς. See notes, § 27, p. 114.

19. χαλκόν: material for shields. εἰς τὸ δημόσιον: "to the state." Cp. 19, 11. The list is interesting, as Lysias and his brother had been singled out on account of their wealth. The clause εἰς ... ἀφίκοντο would naturally be followed by ὥστε. The construction changes, however, and a positive statement is made, which is then explained by the next clause with γάρ. ἔχουσα: "wearing." ὅτε πρῶτον: "as soon as."

20. ἐλέου: depends upon ἐτυγχάνομεν.

PAGE **17.** οὐδ' ἂν ἕτεροι: supply ἐξαμάρτοιεν, to which ἔχοντες forms the protasis. G. 226, 1, 212, 3; H-A. 902, 863. πόλει: G. 184, 5; H-A. 771. τοιούτων ... ἐπολιτεύοντο: "of *such* treatment did they think us worthy, who did not live as metics in such a way as they did as citizens"; *i.e.* we were better men in the community than they, although we had not the rights of citizenship. The construction is changed at τοιούτων, which sums up what had been told in detail.

21. ἀτίμους: predicate acc. after κατέστησαν, "deprived of civic rights." **θυγατέρας ... ἐκώλυσαν:** the rich often helped to furnish with marriage portions the daughters of the poor. See 19, 59. By seizing so much property the Thirty prevented this in many cases. Cp. also 13, 45, where the speaker is denouncing the Thirty, and says of the men killed by them that they left behind ἀδελφὰς ἀνεκδότους.

22. ἥκουσιν: are actually come here; *i.e.* in the person of Eratosthenes and his defenders. § 86. **ἐβουλόμην ἄν:** G. 226, 2 b; MT. 246. **μέρος:** subject of μετῆν.

23. νῦν δέ ... ἐμέ: "but as it is neither in their relations to the city nor to me do such statements hold good for them." **ἀπέκτεινεν:** only true in a legal sense.

24. ἀναβιβασάμενος: "putting him on the witness stand." Cp. 22, 5, and Appendix A. Lysias now justifies himself for even speaking with his brother's murderer, by showing that he does it solely with intent to harm him.

PAGE 18. ἐρωτῶ: G. 232, 3; H-A. 916.

25. δεδιώς, ἡγούμενος: causal. **ἀποθάνητε:** see note to ᾗ, § 7. In many editions there follows after ἀντέλεγον, ἵνα (μὴ) ἀποθάνωμεν. See Usener in Rhein Museum, 30, 590.

26. εἶτα: "so then." **τὸ πλῆθος ὑμῶν:** "the majority of you." **ἀντιλέγειν:** imperfect. G. 246; H-A. 853, a. **ἐπὶ σοί:** "in your power."

27. τοῦτο αὐτῷ πιστεύειν: "to believe him in this," viz. ὡς αὐτῷ προσετάχθη. **οὐ γὰρ δήπου ... ἐλάμβανον:** "for surely they were not seeking to get a pledge from him where metics were concerned." The Thirty endeavored to implicate as many as possible in their own guilt. But, says Lysias, metics were not of sufficient importance to make it likely that they for this purpose would compel him to arrest any of *them*. ἔπειτα: "then," if this reason did not exist for ordering him, "upon whom," etc.   τῷ: = τίνι. ἀντειπών, ἀποδεδειγμένος: see J. R. Wheeler's careful summary of the supplementary participle with τυγχάνω in Harvard Studies in Classical Philology, vol. 2, p. 143 ff.   οἷς: is dative by attraction.

PAGE 19. 28. πρόφασις: "excuse." The argument in the next sentence is fallacious, in that σφᾶς αὐτούς is used as equal in meaning to ἀλλήλους, which Eratosthenes would use.

29. νῦν δέ: as in § 23.   τοῦ: = τίνος.   καί: emphasizes λήψεσθε; cp. 24, 12. For the tense, see note on ἀγαπήσειν, § 11.

30. σῴζειν: used with both αὐτόν and τὰ τ. ἐψ. In English two verbs must be used.   παρόν: G. 278, 2; H-A. 973. This was possible because he had not been ordered to seize Polemarchus outside of his house.

31. ἐκείνοις: *i.e.* ὅσοι εἰς τὰς οἰκίας ἦλθον, because many of these were forced by the Thirty to become in this way incriminated with themselves.   ἐξάρνοις: for the case, see G. 138, n. 8; H-A. 941; and cp. 16, 8.   βουλομένων: conditional.

32. χρῆν: G. 222, n. 2; MT. 423; H-A. 897.

33. ἀνιωμένου, ἡδομένου: G. MT. 827.

PAGE 20. τούσδε: the judges. Cp. 7, 30. The clause ἃ ἴσασι γεγενημένα is the object of λαμβάνοντας, and τεκμήρια is in apposition with it.   παρεῖναι: present at the sittings of the Thirty, which were secret.   παρ' αὑτοῖς: "in our own country." The reflexive of the third person for that of the first. G. 146, n. 2; H-A. 686.   ἐπὶ τούτοις: like ἐπὶ σοί, § 26.

34. οὐ φεύγω: "I won't deny."   ἀντειπεῖν: depends on φάσκων, supply σέ as its subject.   τί ἄν: ἄν is joined to τί, the emphatic word. H-A. 862. Its force extends to ἀπεψηφίζεσθε. "What if you chanced to be his brothers or even sons? Would you vote for his acquittal?"   ὑεῖς: for the spelling, see Meisterhans, § 17, p. 47.   αὐτοῦ: Eratosthenes.   ὡμολόγηκεν: see, however, § 25

for what he *did* acknowledge. διαψήφισιν: "the choice of your ballot," *i.e.* which of the two ballots to vote. For explanation, see Appendix A.

35. εἰσόμενοι: "to find out." ἀπίασιν: G. 200, n. 3, b; H-A. 477, a. The long sentence is divided into two portions introduced by οἳ μέν and ὅσοι δέ respectively. The object clause after μαθόντες is divided into two parts by ἤ ... ἤ; and the second of these consists of two clauses, as shown by μέν ... δέ. For the case of ὧν with ἐξαμάρτωσιν, G. 153, n. 1; H-A. 996, a; and for ὧν with ἐφίενται, G. 171, 2; H-A. 742. With λαβόντες supply τοὺς τριάκοντα. The form of the condition is like that noticed in § 11. Here it is clearly "monitory."

PAGE 21. **36.** εἰ: after δεινόν. G. 228; MT. 494; H-A. 926. οἳ ἐνίκων ναυμαχοῦντες: at Arginusae, B.C. 406. Grote, 7, 412 f.; Curtius, 3, 533. ὅτε: causal. ἀρετῇ: may be dative of advantage. τούτους δέ: stands in its sentence much like αὐτοὺς δὲ τοὺς τριάκοντα in § 28. Here we should expect τούτους to stand as object of a verb expressing the opposite idea to that of ἐζημιώσατε. The speaker, however, changes the form of the sentence to a direct question. ἡττηθῆναι ναυμαχοῦντες: at Ægospotami. ἀποκτιννύναι: imperfect. The argument on the specific charge is here closed. Technically, the remainder of the speech is called ἔξω τοῦ πράγματος, or ἔξω τῆς γραφῆς.

37. ἠξίουν: probably to be explained on the principle of G.MT. 416. τῷ φεύγοντι: dative of agent with εἰργάσθαι. ταύτην: assimilated in gender to δίκην, which is in apposition with it. H-A. 632. ὅ τι: "why."

38. ἐξαπατῶσιν: instead of the infinitive, like ἀπολογεῖσθαι, to make the statement of the actual fact stronger.

39. ἐπεί: "for." There is an ellipsis of οὐ προσήκει. ναῦς: placed before ὅ που by prolepsis. Cp. ἔχθραν, § 2.

PAGE 22. **40.** ἀλλὰ γάρ: "but *did* they" take, etc. The orator answers a supposed plea. For the genitive, G. 164, n. 2; H-A. 748, a. οἵτινες: "the very men who." προσταττόντων: causal.

41. πολλάκις ἐθαύμασα: a use intermediate between the simple aorist and the gnomic. It has the value of a primary tense, as the subjunctive shows. G. MT. 156. **τῶν λεγόντων**: not their advocates in court, but those who in general defend their actions. **τῶν αὐτῶν**: G. 169, 1; H-A. 732, c. **αὐτούς**: is the emphatic subject of ἐργάζεσθαι.

42. οὐ γάρ: the boldness of his partisans is the more remarkable, "for not," etc. **ἐν τῷ στρατοπέδῳ**: at Samos, just before the oligarchy of the Four Hundred, B.C. 411. **καθιστάς**: of attempted action. **τριήραρχος ... ναῦν**: this was desertion, and might be punished by a legal proceeding. Meier and Schömann, A. P. 464.

43. ὅθεν: antecedent is in what follows. **ἔφοροι**: a Spartan title, and therefore favored by the oligarchs. **κατέστησαν**: the second aorist in its passive meaning takes ὑπό with the genitive of the agent. **συναγωγεῖς**: "inciters," to people to take side with them. **ἄρχοντες**: "leaders" of the conspirators, the so-called ἑταῖροι.

PAGE 23. **44. φυλάρχους**: were the "ward politicians" who carried out, in the different φυλαί, the commands of the "bosses." The passage shows a complete system of machine politics. **δέοι, χρείη**: G. 233; H-A. 914, B. **ψηφιεῖσθε, ἔσεσθε**: G. 217; H-A. 885. **πολλῶν**: supply ἀγαθῶν.

45. πραττόντων: supply ὑμῶν. G. MT. 848. **κακῶν**: depends on ἀπαλλαγῆναι.

46. οὐ ... δυναίμην: because of the oaths mentioned in § 47. **Ἐρατοσθένους**: genitive of the person with ἀκούσαντας. The accusative of the thing heard is to be supplied.

47. κἀκεῖνοι: *i.e.* τοὺς τότε συμπράττοντας. **αὐτῶν**: the leaders of the conspiracy. **καὶ τοὺς ὅρκους οὐκ ἂν ἐπὶ μέν ... ἐπὶ δέ**: the construction is similar to that noticed in 7, 26. They would not, while considering them binding where the injury of citizens is concerned, transgress them when they relate to the welfare of the state. The first pledges are those which they took on becoming members of the oligarchic clubs; the second, the oaths which every young man took when he was admitted to citizenship in his eighteenth year. **κάλει**: addressed to the κῆρυξ.

PAGE 24. **48. ἐχρῆν ἄν**: see Goodwin in Appendix V to his MT. p. 403 f. Most late editions read αὐτόν for the Ms. ἄν, following Bekker. **εἰσαγγελιῶν**: used here in the general sense of "information," or "charge." M. and S. p. 313. **συγκείμενα**: "concocted." **ἐπί**: "for."

49. οὐδὲν . . . σιωπῶντες: "were none the worse off if they kept silent." **εἶναι**: imperfect. **πῶς**: "how is it that." The fact of keeping silent is no proof of opposition to the acts of the Thirty. **ἀποτρέποντες**: of attempted action.

50. Another possible reason for silence is met and answered. **ὅπως μὴ φανήσετε**: G. 217, n. 4; H-A. 886. **ἐν τῷ λόγῳ**: "in any discussion." **ἐνταυθοῖ**: "therein." **δῆλος ἔσται ὅτι**: for usual δῆλον ὅτι. **ἐκεῖνα**: what the Thirty were doing. **ἐναντιούμενος**: G. 277, 5; H-A. 969, e. The general line of the argument is: if he did speak in opposition to their plans in any case, then when he did not speak, he was satisfied with their actions; and when he desired to do so, he felt sufficiently powerful to oppose them without fear of their displeasure.

51. The clause καί . . . γιγνομένας does not fit the construction of the preceding one. Rauchenstein suggested the insertion of ἀποδείξω after καί. Weidner inserts ἑώρα after διαφοράς. **ταῦτα πράξουσι**: "carry out their plans."

52. For the events referred to in this and the following sections, see Grote, 8, 55 f.; Curtius, 4, 45 f.

PAGE 25. **τοὺς ἐπὶ Φυλῇ**: G. 141, n. 3. **μιᾷ ψήφῳ**: in itself an illegal procedure.

53. ἤλθομεν: the speaker identifies himself with the popular party. **ταραχαί**: as mild a word as possible is chosen to denote a battle between citizens. **ἔσεσθαι**: G. 261, 1; H-A. 952. The predicate adjective "conciliatory" can be supplied.

54. ὄντες: G. 277, 5; H-A. 969, e. **αὐτούς**: τοὺς ἐξ ἄστεως. **ἐλθόντες**: "returning." Cp. ἥκων, § 16. **ἄρχοντας**: predicate.

This was the compromise government of the Ten, one from each phyle. ἂν μισεῖσθαι: G. 226, 3; H-A. 964, a.

55. Χαρικλεῖ καὶ Κριτίᾳ: the leaders of the extremists among the Thirty. τοῖς ἐξ ἄστεως: "for the party of the city." That is, the new government only increased the strife between the parties.

56. ᾧ: "by this."

PAGE 26. **57. ἐκεῖνοι**: i.e. οἱ τριάκοντα. αἰτίαν λαβόντες: "because they had incurred guilt." ἐξέπεσον: "were driven out." Passive to ἐξέβαλον. H-A. 820. τούτων: supply ἔργων.

58. αἱρεθείς: "chosen." The passive to the middle. H-A. 819, d. καταγαγεῖν: "bring back," "bring home." Cp. § 97. Ἐρατοσθένει: G. 186; H-A. 773, a. Supply the word again after γνώμῃ. ἔπειθεν: see § 7. διαβάλλων: "stating falsely."

59. τούτων: "this"; viz. αὐτοὺς στρατεύεσθαι. ἱερῶν ἐμποδών: cp. the account in Herod. 6, 106. ἐδανείσατο: the active and middle are well illustrated in 17, 2. The same distinction in μισθοῦσθαι compared with μισθοῦν. ἄρχοντα: "as commander."

60. τελευτῶντες: "finally." εἰ μὴ δι' ἄνδρας ἀγαθούς: shortened for καὶ ἀπώλεσαν ἄν, εἰ μή, κ.τ.λ. εἰ μὴ διά: "had it not been for." These men were the friends of the Athenian democracy in other states. οἷς δηλώσατε: imperative in a relative clause. G. MT. 519, 253; H-A. 909, a. Cp. § 99, and 19, 61. καὶ ἐκείνοις: "to them also," as well as to Thrasybulus and others.

PAGE 27. **ἀποδώσετε**: ἀπό, as in § 58, conveys the idea of returning to another something due to him.

61. ὡς πλείστων: "from as many as possible."

62. The speaker now endeavors to meet a plea of Erat., who asks for a favorable verdict on the ground that he was a friend of Theramenes, and belonged to the moderate party. It would be manifestly unfair to take this account, the plea of a lawyer in a lawsuit, as historically true, unless we had corroborative testimony from other sources. Xenophon, in his Hellenica, paints Theramenes in very dark colors; but Aristotle, who had no reason for

ORATION XII.

any prejudice, speaks of him in very favorable terms. Thucydides does not give him credit for disinterested motives. **καὶ μηδενί ... κατηγορῶ**: "and let this occur to no one, that I am accusing Theram. while Eratosthenes is on trial." As this is exactly what the speaker *is* doing, the text is probably wrong. Weidner: ἀδικῶ κατηγορῶν. Gebauer: ὡς ἄτοπον ποιῶ ... κατηγορῶν. **ταῦτα ἀπολογήσεσθαι**: "will offer this in defense."

63. Had he been associated in public affairs with Themistocles, I don't doubt that he would be strenuously asserting that he exerted himself to get the walls built, since he worked in company with Theramenes to get them demolished. Bitter sarcasm.

64. ἄξιον ἦν: without ἄν. G. MT. 416. **ἀναφερομένας**: "being referred to," "being based upon." **γεγενημένου**: supply αὐτοῦ. Cp. πραττόντων, § 45.

65. ὅς: "he, who." For the events here mentioned, see the references to the histories given at § 52.

PAGE 28. **ταῦτ' ἔπραττεν**: "was working for this end." Cp. § 54. **τοῖς πράγμασι**: "to their measures."

66. πιστόν: *i.e.* to the Four Hundred. Two reasons are given why Theram. did not remain faithful to the Oligarchs. First, he was jealous of those getting ahead of him. Second, he saw that they could not hold their position, and he feared the vengeance of the people, τὸ παρ' ὑμῶν δέος. Ἀριστοκράτους, Thucyd. 8, 89.

67. ἀπέκτεινεν: used as in § 23.

68. The speaker passes at once from 411 B.C. to 404 B.C. **τῶν μεγίστων**: "the highest offices." **αὐτός ... αὐτός**: "although *he* proposed to save the city, *he* ruined it." **ταῦτα**: refers to πρᾶγμα. The plural in Greek often = English "this." Cp. § 9. This sentence is a good example of ἐπαναφορά.

69. πραττούσης σωτήρια: "working for some means of preservation." **τῆς ἐν Ἀρείῳ πάγῳ βουλῆς**. See Appendix A. **τἀπόρρητα ποιοῦνται**: "have state secrets." **ἐν ... πολίταις**: cp. ἐν τοῖς τριάκοντα, § 6.

PAGE 29. 70. οὕτως ἐνετεθύμητο: "he was so convinced." The passive is less common than the middle. Cp. Xen. Anab. 2, 1, 46. αὐτός: see § 66. The clause τοῦ τε Πειραιῶς ... καταλῦσαι is in apposition with ταῦτα. Notice that in the ὅτι clause the person only of the verb has been changed.

71. ἐτηρήθη, μετεπέμψατο, ἐπεδήμησε: after ἕως. G. 239, 1; H-A. 922. ἐκείνων: the Lacedaemonians.

72. τότε δὲ τούτων ὑπαρχόντων: "but *then* when these arrangements were completed."

73. ἀπέφαινεν: "disclosed." καὶ οὕτω διακείμενοι: "even so situated," as you were. ἐθορυβεῖτε: "declared," by demonstrations of disapproval. ἐγιγνώσκετε: "were beginning to realize."

PAGE 30. 74. παρέχομαι: see 7, 25, note. πολλούς: predicate. αὐτῷ: depends on ὅμοια. δοκοῦντα: "what was acceptable to." The participle without article used substantively. G. MT. 827. οὐ περί ... ἔσται: "it won't be a question of constitution for you."

75. παρασκευήν: "the plot." Cp. the use of the word in 19, 2. ἀνάγκην: "pressure." καί ... καί: like εἴτε ... εἴτε. Jelf, Greek Gram., 757, 3, Obs. 2. ἐχειροτόνησαν: "voted," by a showing of hands. This shows that ἐψηφίσαντο just previous is to be taken in a general sense.

76. οὓς κελεύοιεν: best taken as representing οὓς ἂν κελεύωσιν of direct statement. G. 248, 1; H-A. 937. But see G. MT. 695.

77. A more probable line of defense for Theramenes than that stated by Xenophon. τοῖς φεύγουσιν: exiled because they had been members of the Four Hundred. τοῖς τῆς πολ. μετέχουσιν: his associates among the Thirty. ὑπ' ἐμοῦ: strongly emphasized by its emphatic position.

PAGE 31. τοιούτων τυγχάνοι: "was meeting with such a return."

73. The second ὑπέρ: "on account of." ἄν: supply ἔδωκε G. 211; H-A. 863. τῷ κ. ὀνόματι: see § 68.

ORATION XII.

79. μηδέ ... μέν ... δέ: see 7, 26, and § 80. πολεμίων: the Thirty as enemies in the open field. ἐχθρῶν: the Thirty as hostile to the restored government.

80. ὧν ... ὧν: both are attracted to the case of the omitted antecedents, the first depending upon the phrase χάριν εἰδέναι, the second upon ὀργίζεσθε. Both verbs are imperative. ἤ: can hardly be translated with the imperative in English. ἀφῆτε: G. 254; H-A. 866, 2. τύχης: depends upon the comparative κάκιον.

81. κατηγόρηται: "the accusation is complete." οἷς: construction as in 7, 17. Commonly the accusative with εἰς, as in § 64. ἐξ ἴσου: "on equal terms."

PAGE 32. αὐτός: "in one and the same person." ἡμεῖς δὲ νυνί: the regular forms of law are *now* observed as then they were not.

82. βουλόμενοι: G. 226, 1; H-A. 902. δεδωκότες εἴησαν: G. MT. 103, and examples there given. The condition resulting from the action rather than the action itself is emphasized by the periphrastic forms. "Stand discharged of the penalty."

83. χρήματα φανερά: see note to 32, 4. ἧς: depends upon πολλά. καλῶς ἂν εἶχε: "would it satisfy?"

84. πῶς οὐκ αἰσχρόν ... ἀπολιπεῖν: "would it not be a shame to leave untried?" βούλοιτο: optative, on the principle explained in G. MT. 555. ὅστις: refers to Eratosthenes. τούτου: may be rendered "his." οὗτος, the usual term for one's opponent in court, takes the place of the reflexive. ἑτέροις: those members of the court who were favorable to the oligarchy.

85. μὴ συμπραττόντων: = εἰ μὴ συνέπραττον. ἐπεχείρησαν: like ἐτόλμησαν. ἐλθεῖν: "to appear in court."

PAGE 33. βοηθήσοντες: called συνεροῦντες in § 86. οὐ ... ἀλλά: "not only ... but." Cp. § 11. τῶν πεπραγμένων: depends on ἄδειαν, which also governs ποιεῖν, as in 22, 19.

86. αἰτήσονται: "ask for a verdict in their favor." Such pleas as are here referred to were often made in the Athenian courts. ἐβουλόμην ἄν: see § 22. δεινοὶ λέγειν: "clever speakers," with the rhetorical power to misrepresent the facts. An attempt to create suspicion and weaken the arguments of the speakers on the opposite side. The last sentence of the section means that their eloquence was never used to secure even just treatment from the Thirty for the popular party.

87. αὐτῶν κατηγοροῦσι: *i.e.* as being friends or associates of the defendant. διὰ τοῦ ὑμετέρου πλήθους: the court represented the people. Of the clauses with μέν ... δέ, the second is best subordinated. δέ: "while." δεινὸν ἦν ... ἐλθεῖν: the same statement in Aeschines, 3, 235.

88. πέρας ἔχουσι ... τιμωρίας: "have no further opportunity for taking the vengeance (which their sufferings demand) on their enemies." συναπώλλυντο: "were in danger of being killed." ὁπότε: "since." παρασκευάζονται: "array themselves."

89. ῥᾷον εἶναι: with ἀντειπεῖν = ῥᾷον ἂν ἦν, but with the second clause = ῥᾷόν ἐστι.

PAGE **34.** **90.** The conditions are "monitory." See notes on § 11. ὡς ὀργιζόμενοι: G. MT. 916.

91. νυνί: an emphatic "now." κρύβδην: this cannot refer to the manner of voting (see Appendix A.), but he means to say that the citizens will recognize in the verdict given what the party ἐξ ἄστεως now think of Eratosthenes' deeds. It was not likely that a vote for acquittal should come from the party ἐκ Πειραιῶς. Sections 90 and 91 are addressed to those members of the court who were of the former party.

92. καταβαίνειν: *i.e.* from the orator's platform. παραδείγματα: appositive to συμφοράς. ἡττηθέντες: concessive. νικήσαντες: conditional. ἂν ἐδουλεύετε: present time.

93. οἴκους: "estates." Cp. 19, 47.

PAGE **35.** ἔχετε: "you hold." ἐκτῶντο: "sought to gain." εἶναι: G. MT. 100.

94. ἀνθ' ὧν: "in return for this." ἐν τῷ θαρραλέῳ: "in the position of confidence," given you by the re-establishment of the legal government. νῦν: goes with πολιτεύεσθε. ἀρίστων: emphasized by its position. τοῖς πολεμίοις: those of the Thirty now in Eleusis. ἐπικούρων: the Spartan soldiers. οὓς φύλακας κατέστησαν: G. 166; H-A. 726. Cp. § 43 for the second aor.

95. εἰρήνης οὔσης: "in time of peace." Contrasted with μάχης. τὰ ὅπλα: G. 197, n. 2; H-A. 724, a. The repetition of the word brings it forcibly to the minds of his hearers. ἐξεκηρύχθητε: after the Thirty had killed Theramenes, they forbade any except the Three Thousand to enter the city. ἐκ τῶν πόλεων: the states which belonged to the Lacedaemonian federation.

96. ἐφεύγετε: "were in exile." ἃ πεπόνθατε: the relative is not attracted, as commonly, to the case of the antecedent. Bohlmann, De attractionis usu et progressu, etc., Breslau, 1882, says that attraction does not take place where the relative clause has equal weight in the writer's mind with the principal clause, or where its verb is to be made emphatic. Here, "which you *suffered*." See § 99. Cp. also Van Cleef, De attractionis usu Platonico, Bonn, 1890. He gives, at p. 47 f., full tables of the Attic usage.

PAGE 36. φονέας αὐτῶν: by drinking the poison hemlock. Cp. § 17. νομιζομένης: "customary." Cp. 32, 8. τιμωρίας: depends on the comparative βεβαιοτέραν, which means "surer," as applied to τιμωρία, and "more stable," as applied to ἀρχή.

97. τὸν θάνατον: "the death," that threatened you. πολεμίᾳ: predicate. The children are divided into two classes, οἱ ἐν τῇ πατρίδι and οἱ ἐν ξένῃ γῇ. These are referred to in the next sentence as τοὺς μέν ... τοὺς δέ respectively.

98. τούτων: viz. ἐλευθεροῦν, κατάγειν. αὐτοὶ ἄν ... πάθητε: "you would yourselves now be in exile through fear lest you suffer." συμβολαίων: "loans." ἐδούλευον: in order to work out the debt. τῶν ἐπικουρησόντων: "those of whom assistance might be expected." See the remarks in Koch's Greek Gram., § 105, 3, a, on the meaning of the future.

99. ἀλλὰ γάρ: "*but* I desist from further speculation *for.*" **μέλλοντα**: = ἃ ἔμελλε. G. MT. 426. **ἃ ... τὰ μέν ... τὰ δέ**: G. 137, n. 2; H-A. 624, d. For the case of the relatives, see § 96. **ἱερῶν**: includes, as the two verbs show, beside the temple buildings, their contents. **ἐμίαινον**: by their presence in them while guilty of bloodshed.

PAGE 37. **ἃ καθεῖλον**: Isocrates says, 7, 66, that the state had expended more than one thousand talents on the ship-yards, and that the Thirty sold them, for three talents, to be demolished. **βοηθήσατε**: see on § 60.

100. ἡμῶν: as in § 81, Lysias and the other speakers on his side. **ὑμᾶς ... φέροντας**: "take cognizance of you while you are voting." For the periphrastic forms, see on § 82. The mixing of the second and third persons, as in § 97.

ORATION XVI.

INTRODUCTION.

Every man elected to the βουλή, or council, at Athens, was obliged, before he could take his seat, to pass an examination before the members of the outgoing council as to his fitness to hold the office. This examination was called δοκιμασία. To approve one was termed δοκιμάζειν; to reject, ἀποδοκιμάζειν. Anyone could appear in opposition to the candidate, and the range of the examination was very wide, as may be seen from § 9 of this speech.

Mantitheus, the defendant in this action, had been chosen to a seat in the βουλή, and at the δοκιμασία objection was made to him on the ground that he had served in the cavalry under the Thirty. To this charge he replies by a skillful handling of the evidence offered in support of the accusation, and by a proud statement of his active life in the service of the state. The time of the speech can be determined from § 15. The events there stated were just before the battle of Coronea, B.C. 394. This would give us the year 393 as the earliest possible date. The jeer at Thrasybulus has more point if we think it made while he was still living, and this must then have been before his death in B.C. 389.

The speech is one of Lysias' best, and illustrates his power in drawing character. It is treated by Blass, p. 515, and Jebb, p. 245.

PAGE 38. 1. εἰ μὴ συνῄδειν ... πολλὴν ἂν εἶχον: G. 222; H-A. 895. Compare the opening of Or. 24. βουλομένοις: G. 280; H-A. 982. κατηγορίας: G. 173; H-A. 744. ἀναγκάζωσιν: G. 233; H-A. 914, B. εἰς ἔλεγχον ... καταστῆναι: "to stand an examination on the acts of their lives."

2. καὶ εἴ τις: "even if any one." H-A. 1053, 2. Cp. 19, 59. The clause is concessive. πρός με: G. 144; H-A. 263. ἀκούσῃ: G. 232, 3; H-A. 916.

3. ἀξιῶ, ἐὰν μὲν τοῦτο μόνον ἀποδείξω ... μηδέν πώ μοι πλέον εἶναι: "I ask that if I shall show you *this* only ... that it shall be in no way to my advantage." If *that* is all I can show for myself, I won't base any claim upon it. τῶν αὐτῶν κινδύνων: "the same," and only the same. For the gen., G. 170, 2; H-A. 737. ὑμῖν: G. 186; H-A. 773, a. καὶ περὶ τὰ ἄλλα: "also with regard to the remaining events," of my life. μετρίως: used in a modest way to indicate what is called προθύμως in 7, 32, in which place μετρίως has a different meaning. τὴν δόξαν: "the reputation," which they seek to give me. δοκιμάζειν: "to approve" in the investigation. The passive is used in § 8. χείρους: cp. 32, 1 and 3; H-A. 649. μετέσχον: "got, or obtained, a share."

PAGE 39. 4. Σάτυρον: Curtius, 5, 137. μεθισταμένης πολιτείας: "while the government was being changed." The only use of the verb μεθίστημι in Lysias, except in 23, 15. The other places, 26, 23; 30, 14. For the time of the participles, G. 204, 278; H-A. 856. ἤλθομεν: "we returned." τοὺς ἐπὶ Φυλῆς: see 12, 52, and references there. ἡμέραις: G. 188, 2; H-A. 781.

5. εἰκὸς ἦν: see on ἀσφαλέστερον ἦν, 7, 24. τῶν ἀλ. κινδύνων: by taking up arms for the Thirty, who are meant by ἐκεῖνοι. ἔχοντες: G. 280; H-A. 981, 986. It is imperfect. Cp. λαμβάνων,

24, 8. So, also, in § 6, ἀποδημούντων, and the infinitive ἱππεύειν. **τοῖς ἀποδημοῦσι**: dative after μεταδιδόναι, which takes also a genitive of the thing shared.

6. σανιδίου: the public list. See L. and S. under σανίς. **ἐκεῖνος**: here of what follows. H-A. 696, b. **φυλάρχους**: phylarchs, or captains of cavalry, ten in number, one from each tribe. They were subject to the ἵππαρχοι, or generals of cavalry, of whom there were two. **ἀπενεγκεῖν τ. ἱππεύσαντας**: "make a return of those who had served as ἱππεῖς," "hand in a list of." **καταστάσεις**: this was a sum advanced by the state to each man enrolled in the cavalry, to pay the cost of his equipment. **ἀναπράξητε**: ἀνα- has the force of "back." For the mood, see note on ᾖ, 12, 7.

7. παραδοθέντα: the regular verb to denote "hand over for punishment." Cp. 22, 2. **συνδίκοις**: these formed a board of officers to investigate cases connected with confiscations of property during the time of the Thirty. As far as this side of their duty went, they formed a kind of a Court of Claims. They could not, however, pronounce final judgment in any case, but had to submit it to a regular Heliastic court. They presided at such trials. See Orations 17 and 19. Their jurisdiction included claims of the state against individuals, and so they would be the officers to recover the καταστάσεις. It was a special court for a special purpose, and ceased to exist when that purpose was attained. Information about it is very meager. See Meier and Schömann, A. P., p. 124. The words οὔτε κιτάστασιν παραλαβόντα are omitted by Rauchenstein following Halbertsma, because the usual phrase is καταστ. λαβεῖν. But see Sauppe, in Philologus 15, 69 f. **ἐκείνοις τοῖς γράμμασιν**: the lists made by the phylarchs. **τούτοις**: the σανίδιον.

PAGE **40. 8. ἔξαρνος εἶναι**: "to deny." Cp. 12, 31; 32, 20. **ἠξίουν**: supply ἄν from previous clause. **ἀποδείξας**: = εἰ ἀπέδειξα. **βουλεύοντας**: "acting as members of the βουλή." **ἱππάρχους**: see § 6. **ἡγεῖσθε**: imperative. G. MT. 602. **μαρτύρησον**: i.e. concerning his absence from the city, and the date of his return.

9. With what is here said compare 7, 41, 42, and the introduction. The rest of the speech is taken up with what he mentions in § 3, ἐὰν δὲ φαίνωμαι, etc.   **μετ' εὐνοίας**: cp. 19, 2.

10. ἐκδιδόναι: "to give in marriage."   **ἐπιδιδόναι**: "to give a dower." Cp. 32, 8. For details as to the custom and the size of the dower, see Göll's ed. of Charicles, 3, p. 538. Cp. 19, 15; 32, 6. **ἐνειμάμην**: sc. τὴν οὐσίαν. Cp. 19, 46; 32, 4.   **ἐμοῦ**: G. 175; H-A. 755.   **τῶν πατρῴων**: G. 170; H-A. 736. For the negatives, G. 283, 9; H-A. 1030.

PAGE 41. **11. περὶ τῶν κοινῶν**: according to our modern notions, the points here included would belong to τὰ ἴδια. **ἐπιεικείας**: "moderation," "sweet reasonableness," what he speaks of in § 3 as μετρίως βεβιωκώς.   **κύβους**: see Guhl and Koner, Engl. ed., p. 270.   **ἀκολασίας**: "indulgencies," "dissipations."   **τὰς διατριβὰς ποιεῖσθαι**: "to spend one's time." Cp. 24, 20.   **πλεῖστα**: emphatic by its position.   **λογοποιοῦντας**: cp. 22, 14.   **τῶν αὐτῶν ἐπεθυμοῦμεν**: "we had the same tastes and aims."

12. δίκην, γραφήν, εἰσαγγελίαν: see Appendix A.   **παρέχω**: cp. 12, 66.

13. For the events here narrated, see Grote, 9, 120; Curtius, 4, 237 f.   **κατειλεγμένος**: "enrolled." For details of the process, see Aristotle, Athen. Polit., ch. 49, p. 123. Orthobulus was recruiting officer.   **εἶναι δεῖν νομίζοντας**: "thinking that there would certainly be," because the Spartan army was weak in cavalry.   **ἀδοκιμάστων**: as it was a position of honor, each one must undergo a δοκιμασία before entering upon it.   **ἐξαλεῖψαι**: G. MT. 99.   **ἔφην** has here the value of ἐκέλευον.

PAGE 42. **14. συλλεγέντων τῶν δημότων**: the members of the same deme served together. This may have been a preliminary muster.   **ἐφοδίων**: cp. 12, 11. The soldiers drew pay and a certain sum for rations, but the poorer ones would be badly off in fittings for a campaign.   **γένηται**: see note on ᾖ, 12, 7.

15. τῆς πρώτης: supply τάξεως, "rank."   **τοῦ σεμνοῦ Στειριῶς**: "the mighty Steirian." A jibe at Thrasybulus, of the deme Στειριά. See Introduction.

16. ἐν Κορίνθῳ: connect with χωρίων. **ἐμβαλόντος**: causal, and subordinated to ψηφισαμένων. **ἀποχωρίσαι**: "to detail." **τάξεις**: "companies." **βοηθήσουσι**: G. 236; H-A. 911. **ἀγαπητῶς**: "barely." **σεσωσμένους**: G. MT. 827.

PAGE 43. **ἀκληρωτί**: without waiting for the casting of the lots, which would be used to determine the companies to undertake a dangerous mission.

17. τὰ τῆς πόλεως πράττειν: "to manage the affairs of the state." The passage means that the people reject such candidates as are here mentioned. **καὶ ... ἐτόλμων**: "I ventured to incur danger besides." In addition to that which was involved in the duties commanded. **καθισταίμην, τυγχάνοιμι**: optatives which, in indirect statement of the speaker's thoughts at a previous time, are used for subjunctives.

18. ποιούμενος, ἀναχωρῶν: G. 279, 1; H-A. 981. **κομᾷ**: to wear the hair long, a favorite custom at Sparta, which was followed by the ἱππεῖς at Athens. See Aristoph. Knights, 580. **ἐκ ... τῶν ... ὠφελεῖσθε**: ἐκ usually of things, not persons. See 22, 20.

19. ἀπ' ὄψεως: "from appearance."

PAGE 44. **τῶν τοιούτων ἀμελοῦντες**: those who aped Spartan customs affected a negligence in the manner of dressing.

20. νεώτερος: "younger than is common," passing into the meaning of "too young." It was rare for a man to speak in public before his twentieth year. **ἐν τῷ δήμῳ**: cp. ἐν τοῖς τριάκοντα, 12, 6. **φιλοτιμότερον ... τοῦ δέοντος**: "to be more ambitiously disposed than is necessary." **τῶν προγόνων**: causal genitive; the object of ἐνθυμούμενος is the ὅτι clause.

21. ἀξίους τινὸς εἶναι: "to be of some account." The general sense is, why should you be harsh toward those who come forward in public at an early age? They are led to this by the fact that they see you evidently believing that no one lacking in this ambition is of any account. The blame, then, if there be any, is your own.

ORATION XVII.

INTRODUCTION.

The title to this speech in the form here given is due to Hoelscher. The speaker, whose name is unknown, lays claim to the property of a certain Eraton, which has been confiscated by the state. The speaker's grandfather had loaned Eraton a sum of money, and after the latter's death his sons refused to pay it. An action was then brought against one of these, Erasistratus, by the speaker's father, who obtained a judgment for the full amount.

In satisfaction of this judgment, the speaker, whose father had meanwhile died, took possession of certain property of Erasistratus, and was trying to get some from another son of the original debtor, when the state confiscated the whole property, including what the speaker had actually in his own possession.

The time may be made out from §§ 3 and 5. The judgment against Erasistratus was obtained in B.C. 401. The speaker had held the farm at Sphettus for three years. In the winter of the year in which this action falls he had a suit in the Marine Court. This brings the present suit in the year B.C. 397. It is tried before an ordinary court, under the presidency of the σύνδικοι. Blass, p. 627; Jebb, p. 300.

PAGE 45. In the title, **πρὸς τὸ δημόσιον**: "against the State." Cp. 12, 19; 19, 11.

1. ἄξιον εἶναί τινος: see 16, 21. **μᾶλλον ἑτέρου**: "better than another"; *i.e.* of more than average ability. **ἂν δύνασθαι**: the infinitive represents the optative of "cautious assertion." G. 226, 2, n. 1; H-A. 872, a. **ἱκανὸς λέγειν**: cp. δεινοὶ λέγειν, 12, 86. **τὰ πεπραγμένα ἡμῖν πρός**: "our transactions with." **διαδικασίας**: the title of an action to establish a claim for the possession of some object, or for the release from some duty or burden. The object itself is called διαδίκασμα, § 10.

2. ἐδανείσατο, δανεῖσαι: G. 199, n. 2; H-A. 816. **ὧν**: depends upon ἐναντίον. Its antecedent is the omitted object of παρέξομαι, with which μάρτυρας is in apposition. ὡς δ' ἐχρήσατο ... ὠφελήθη: "how he employed it and how much he made by it."

3. τοὺς τόκους ... συγκείμενα: "I received both the interest and the other things agreed upon." See Büchsenschütz, p. 482.

PAGE 46. **υἱούς**: see note to 12, 34. **οὐκ ἦσαν δίκαι**: "no suits were being heard." See Thucydides, 6, 91 (near the end); Andoc. 1, 81 f. **πράξασθαι**: the middle of this verb has a very limited use. See L. and S. under πράσσω, V., and cp. 32, 24; 1, 25. **ὅτε πρῶτον**: see 12, 19. **αἱ ἀστικαὶ δίκαι**: ἀστικαί is apparently opposed to ἐμπορικαί. "Suits arising from business within the city." **λαχών**: supply δίκην as object, and translate, "having brought suit against Erasistratus for the whole amount of the debt." For the meaning of λαχών, see Meier and Schömann, p. 792 f. **συμβολαίου**: the bond or written evidence of the debt, then the debt itself. Cp. 12, 98. **κατεδικάσατο**: "got judgment against him."

4. ἀπογραφῶν: the official lists of confiscated property. The next sentence means that when the lists of Eraton's property were made, the officers would have omitted nothing, and so what the speaker had seized in satisfaction of the judgment obtained by his father must be included in that confiscated. **εἰσπράξασθαι**: "to recover."

5. ὡς δὲ ... ἰδιώτας: "but how (differently) I have made my claim against you as compared with those individuals." **ἡμῖν, χρημάτων**: both depend upon ἠμφισβήτουν. **ὑπὲρ ἅπαντος ἀντιδικῶν ἡττήθη**: "defending an action for the whole, was beaten." **Σφηττοῖ**: G. 61, n. 2; H-A. 220.

PAGE 47. **μεμίσθωκα**: *i.e.* exercising the rights of ownership. Notice the tense force. **ἐδικαζόμην τοῖς ἔχουσι**: "was engaged in a suit with the holders." **διεγράψαντο**: "they got me nonsuited." This they did by pleading to the jurisdiction of the court. Cp. Or. 23, which deals with a similar question. Suits affecting merchants, δίκαι ἐμπορικαί, belonged at this time before the "Marine Court." Details in Meier and Schömann, p. 635. **οὐκ ἐξεδίκασαν**: "did not hand down a decision."

6. ἀφεὶς τὰ δύο μέρη: the property in Cicynna, and the house. **τὰ Ἐρασιστράτου**: the property in Sphettus. **ἐγνώκατε**: "decided," in the suit brought by the speaker's father.

7. τιμήματος: "valuation." **ὧν**: gen. like $\chi\rho\eta\mu\acute{a}\tau\omega\nu$, § 5. G. 171; H-A. 739, a. Its omitted antecedent depends on $\tau\hat\omega\ \mu\acute{\epsilon}\nu \ldots \tau\hat\omega\ \delta\acute{\epsilon}$. **ἐπεγραψάμην**: "put a valuation on." The whole property was valued at more than one talent. A talent is 6000 drachmae, one-third of which would be 2000 drachmae. He claims only 1500. **ἀποκηρυχθέντων**: "when it has been sold at auction." The noun to be supplied. G. 278, 1, n.; H-A. 972, a. **τοὺς πέρυσι ἄρξαντας**: "the archons of last year." **οἱ ἄρχοντες**, "the (present) archons." **οἱ ἄρξοντες**, "those who will be archons." **πρὸς οὓς . . . ἐλήχθησαν**: "before whom the suits were brought."

9. τούτων: refers to the various proofs just mentioned. **οὔτε πλειόνων**: *litotes.* Cp. $o\mathring{v}\kappa\ \mathring{\epsilon}\lambda\acute{a}\chi\iota\sigma\tau o\nu\ \mu\acute{\epsilon}\rho o s$, 12, 22.

PAGE 48. 10. Rightfully, the entire property involved should be mine. But relinquishing much of this to the state, I have asked you to award me only a part ($\tau o\hat{v}\tau o$). **συνδίκων**: they presided at the trial. According to the Athenian judicial system the magistrates who presided at a trial took no part in the decision, and did not even sum up the case. A request like this is found in 18, 26, however, and may indicate that the Syndics could assist one of the parties if they chose.

ORATION XIX.

INTRODUCTION.

This oration, like the last one, deals with a question of confiscated property. In the seventeenth, however, the speaker claims property which the state had taken, while here we have a defence for parties charged with the withholding of money rightfully belonging to the state

The relations of the various persons mentioned in the speech may be seen from the following plan : —

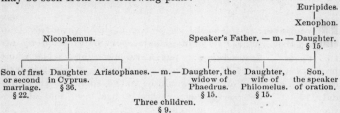

This Nicophemus and his son Aristophanes had been arrested, on some charge to us unknown, and summarily (§ 7) executed. Then, on the motion of a certain Aeschines, their property was confiscated. The amount thus obtained was much less than had been expected, and a suspicion arose that the father-in-law of Aristophanes had concealed some of the property covered by the vote of confiscation. The action called ἀπογραφή, *i.e.* to have an inventory of property made, with a view to seizure for the state (Meier and Schömann, p. 302), was now brought against him. Before the trial took place, he died, and the defence is undertaken by his son. The oration is one of the most elaborate of Lysias', and interesting in many ways. It mentions many prominent men of the time, and gives glimpses of their private as well as their public life. It shows the proud feeling of the representatives of the old families at Athens, and the great dangers to which they were exposed from the rapidly increasing socialistic spirit in the state. Cp. Curtius, Hist. Greece, 4, 296. The date of the speech is the year 387 B.C., but before the peace of Antalcidas had been made. The trial was before a Heliastic court, under the σύνδικοι as presiding officers. Cp. further, Jebb, p. 235 f.; Blass, p. 529 f.

PAGE 49. 1. With the statements here made, cp. 12, 3, where similar inexperience is pleaded by the speaker. εἰ καί: "although." H-A. 1053, 1. ταῦτα: business in the law courts.

2. The contents of §§ 2–5, and the last sentence of § 11, are to be found almost word for word in Andoc. 1, §§ 1–9, though there

interspersed with other matter. Both orators probably took from some teacher of rhetoric one of his commonplaces for opening a speech for the defence. Jebb, Attic Orators, 1, p. 117, thinks that Andocides is the author, and that Lysias "borrowed" and condensed from him. παρασκευήν: "the careful preparation." Cp. 12, 75. δίκαια καὶ ῥᾴδια χαρίσασθαι: "to grant what is just (to us), and easy (for you)." καὶ ἡμῶν: "us also," as well as the other side. Cp. § 5. Their oath required this.

3. κἂν ἐξ ἴσου ἀκροᾶσθε: even if you give impartial attention. ἔλαττον ἔχειν: "to be at a disadvantage." Cp. 12, 49.

4. ψευδόμενοι: G. 279, 2; H-A. 982.

PAGE 50. οὐδὲν ἦν πλέον: see 16, 3.

5. ὅτε: "since." Cp. 12, 36. ὡς ἐγὼ ἀκούω: this to fit the statement of his inexperience. εἴπωμεν: G. MT. 90. δεινότατον: G. 138, n. 2 (c); H-A. 617.

6. τελευταῖοι: G. 138, n. 7; H-A. 619. σώζονται: "are acquitted."

7. πρὶν παραγενέσθαι: see 12, 17, for the construction, and for a similar case of summary dealing. Denial of burial, 12, 21.

8. ἰδίᾳ, δημοσίᾳ: cp. 12, 23. παρὰ τοὺς νόμους: because the execution of their father and grandfather, and consequently the confiscation of the estate, was illegal. ἐλπίς: G. 154; H-A. 995, and c. τῶν τοῦ πάππου: "the property of their mother's father," which is involved in this action. ἐκτραφῆναι: G. 203, n. 2; H-A. 948, a; cp. 12, 19.

9. ἡμεῖς: the speaker and his two sisters. κηδεστῶν: here general = *affines*. Cp. § 16, 17.

PAGE 51. προικός: his sister's marriage portion, § 15, which had been seized with the property of Nicoph. and Aristoph. See 16, 10. παιδάρια: not over six years had passed since the marriage. διπλάσια: some figures are given in §§ 59, 61. ὡς ἐγώ ... παρεγενόμην: "since I was often present when he was reckoning," and knew about his financial condition. Cp. 17, 2.

10. μὴ προκαταγιγνώσκετε : G. 254 ; H-A. 874. τοῦ δαπανῶντος, ἀδικίαν : G. 173, 2, n. ; H-A. 752, a. ὑμῖν : some participle, like ἀναλίσκοντος, may be wanting, as δαπανᾶν does not take a dat. of the person. ὅσοι : antecedent omitted. λάβωσιν : G. 225 ; H-A. 894. The text here given is that of Weidner. Hardly any two editions agree. Rauchenstein, ἄν τί ποθεν ἄλλοθεν ἔχωσιν.

11. πρὸς δόξαν : "in view of an opinion." διὰ σπάνιν : "by reason of a scarcity." ὄντος : causal. καὶ τούτων ὑπαρχόντων : "even under these circumstances." Cp. οὕτω διακείμενοι, 12, 73. πάσῃ τ. κ. μ. : again in § 53. εὐορκότατον : "most completely in accordance with your oath."

12. στρατηγῶν Κόνων : see Grote, 9, 145 ; Curtius, 4, 255. αἰτοῦντι : "asking her hand."

13. ἐκείνου : Κόνων. γεγονότας : causal to the previous participle.

PAGE **52.** ἐπιεικεῖς : "serviceable," in a military way. ἔν γε τῷ τότε χρόνῳ : "at *that* time anyway." διαβολήν : "bad repute." Cp. διαβεβλημένος, 7, 27. ἀλλ' ὅτε : "but at a time when."

14. ἐν ἡλικίᾳ : "at a suitable age." Cp. 7, 29. παρόν : G. 278, 2 ; H-A. 973. οὐδὲν ἐπιφερομένην : "bringing him no dowry." Ξενοφῶντος : an Athenian general. See Thucyd. 2, 70, 79. ἰδίᾳ χρηστός : "of good character." αὐτόν : G. 156 ; H-A. 1005.

15. κάκιον γεγονέναι : "to be of inferior birth." πλουσιώτερον : H-A. 645. ἀδελφιδῷ : this was very common. Cp. Or. 32. κᾆτ' Ἀριστ. τὸ ἴσον : as there were but two daughters (§ 17), Aristophanes must have married the widow of Phaedrus. Cp. 32, 8.

16. ὥστε εἰδέναι : G. 226, 2 ; H-A. 953, a. κηδεσταῖς χρησοίμην : "that I should have as relatives men who were," etc. κοσμίοις : H-A. 777, a. Cp. 24, 2. καὶ νῦν : "and now in fact." ὅτε ἡ ναυμαχία ἐγένετο : "after the naval battle had taken place." He was, therefore, one of the 3000 put to death by Lysander. See Grote, 8, 10 ; Curtius 3, 552.

PAGE **53.** **18.** ἐχρῆτο : "associated with." ἐκείνου : G. 169,

1; H-A. 732, c. He had not, as Aristophanes had, political ambitions. ἐπιθυμῶν: causal.

19. αὐτῶν: used as antecedent to a relative clause. Jelf, Greek Gr., § 656, 5. ὑποστάς: "having undertaken the mission." Διονυσίου: Sauppe, for καὶ Λυσίου of the Ms.

20. For this embassy, see Grote, 9, 150; Curtius, 4, 299. Dionysius, the ruler of Syracuse, was an ally of Sparta. Evagoras, the ruler of Salamis in Cyprus, was a firm friend of the Athenians. By reason of the common enmity which the two princes had against the Phoenicians and Carthaginians, the Athenian ambassadors hoped to enlist Dionysius in their own interest.

21. τὴν βοήθειαν: "the assistance," which was furnished them. See, for facts, Grote, 9, 191. οὐδὲν ἐνέλιπε προθυμίας: cp. 12, 99. σπεύδων: "eagerly." εἰς τὰς ναῦς: governed by προσεδεήθησαν, to be supplied from previous clause. Their further need was to hire crews for the ships.

PAGE **54.** πελταστάς: mostly Thracians. See Müller's Handbuch, 4, 275.

22. ἔπειθε: notice the tense. ὁμοπατρίου: half-brother; that is, having the same father only. Cp. 32, 4. λαβών: Taylor, for εἰπών of Ms. Hardly any two editions agree here. Rauch., ἀπορῶν, which is more favorable to Aristophanes. ἔνδον: "in cash." Cp. § 47. κατεχρήσατο: "used up." Just below, χρῆσαι, "to lend." ἀνήγετο: "sailed," for Cyprus. πελτασταῖς: G. 185; H-A. 765, a.

23. ἐκεῖ: Weidner, for ἐκ Κύπρου of Ms. It means in Cyprus. ὑπολιπέσθαι ἄν: the infinitive represents the ind. G. 211; H-A. 964. ἄν is to be understood also with χαρίσασθαι. ἐφ' ᾧ τε: G. 267; H-A. 999, a. Eunomus could testify to the statements made in § 19. The words κάλει μοι κ.τ.λ. are inserted by Westermann. They are made necessary by § 24, which refers to the witnesses. The others would have been the friends mentioned in § 22.

24. ἔχρησαν: see on χρῆσαι, § 22. ἀπειλήφασιν: "have got it back." τῆς τριήρους: this may have been either the state trireme, the Paralus, which would have been sent after Nicophemus and Aristophanes, when accused, or the vessel which took Aristophanes out to Cyprus, and by which, on its return voyage, he sent the money.

PAGE 55. 25. ὁ δὲ μεγ. τεκμ.: H-A. 1009, a. σύμβολον: a combined passport and letter of credit. ὑποθήσει: "pledge," or "pawn." λύσεσθαι: "redeem." He would be paying 25 per cent interest. χρημάτων: G. 172, 1; H-A. 743. τῇ ἠπείρῳ: Asia Minor.

26. μέλλων δ' ἄξειν τὸ χρυσίον: "though he would have taken the cup." μέλλων like the imperfect. G. MT. 428. οὐκ ἔφη ... ἄλλοθεν: "he said that he had no money, but declared that he had in addition to his own means borrowed from his friends." τοῖς ξένοις is dative of the agent. ἂν ἄγειν: = the imperfect in conclusion of an unreal condition. For the infinitive with ἐπειδή in a dependent clause of indirect statement, see G. MT. 755. χαρίσασθαι: supply ἄν. ἥδιστ' ἂν ἀνθρώπων: "most gladly of all men."

27. χαλκώματα σύμμικτα: bronze with silver. αἰτησάμενος ἐχρήσατο: "he obtained for his use by borrowing." Cp. ᾐτημένους ἵππους, "borrowed horses," 24, 12.

PAGE 56. ναυμαχίαν: at Cnidus. Grote, 9, 105; Curtius, 4, 254. πρὶν νικῆσαι: G. MT. 628. ἀλλ' ἤ: "except." H-A. 1046, 2, c. Ῥαμνοῦντι: locative. Rhamnus, a deme of the tribe Aiantis, on the east coast near Marathon.

29. In § 42 the sums expended, in the ways here stated, are given. See, also, note on 7, 31. τρία ἔτη συνεχῶς: no one could be *compelled* to perform this service oftener than once in three years. Gilbert, 1, 351. τριακόσια πλέθρα: about seventy and one-half acres. Hultsch., p. 700. οἴεσθε ... καταλελοιπέναι: "Do you think he must necessarily have left many household effects?" For the meaning of ἔπιπλα, cp. the next section, 12, 19, and 32, 15.

30. ἄξια: supply ἔπιπλα. The meaning is, that not even families of ancestral wealth could show very much in the way of valua-

ble furniture, since not even money could always insure the acquisition of what would be permanently pleasing. κτησαμένῳ: H-A. 966. Cp. ὁ ὠνούμενος, "the purchaser."

31. οὐκ ὅπως... ἀφηρπάσθησαν: "not only did you not sell any furniture, but even the doors had been torn from the houses." οὐκ ὅπως, H-A. 1035, a; G. MT. 707 (the passage is wrongly translated there). ἀπέδοσθε: G. 199, n. 3; H-A. 816, 2. δεδημευμένων: "when the confiscation had taken place." οὐδενός: depends on ὅσα. Cp. ἧς 12, 83.

32. καὶ πρότερον... ἐθέλομεν: "both previously before the Syndics (see note on 16, 7), and now also are we willing." πρότερον πρὸς τοὺς συνδίκους refers to the preliminary examination of the case. See Appendix A. μεγίστη: cp. 12, 10.

PAGE 57. ἐνοφείλεσθαι: "is mortgaged for the dowry," etc. προῖκα: see § 15. τὰς ἑπτὰ μνᾶς: see § 22.

33. πῶς ἂν εἶεν: cp. 7, 41; 24, 23. ὁ δέ: see § 25. πολλά: three, according to § 9.

34. ἀποδημήσαντος, γενομένου: causal. ἐγένετο: "resulted." τέτταρα τάλαντα: the probable amount of the confiscated estate of Aristophanes. ἀπολέσθαι: "to be ruined," financially. ὅτι ... χρήματα: "because the property turned out to be not even a small part of what your opinion thought it." Cp. § 39.

35. προστάττοι: G. 233; H-A. 914 B. ὠφελειῶν: "profits." μέρος: G. 170, 2, n. οἴονται: subject is "they," people in general.

36. διενεχθέντες: "differing in their opinions." ἐνθάδε: at Athens. παρ' αὑτοῖς: "by themselves." σᾶ: H-A. 227.

37. καὶ εἴ τις... διένειμεν: "even if a man, who had not himself acquired his property, but had inherited it from his father, distributed it to his sons." οὐκ ἐλάχιστα: "the most." Cp. 12, 22.

38. ὃ μὴ γένοιτο: "and may this not come to pass." The next clause means, unless some great misfortune shall befall the state. κακόν: Sauppe's conjecture for Ms. ἀγαθόν. The latter, if retained, would mean that a great gain resulting therefrom to the state might justify the seizure of Timotheus' property. It is hardly likely that the speaker, with his friendly relations to Conon's family would have used such an expression. ἀπολέσαι: "to lose."

39. αἱ διαθῆκαι, ἃς διέθετο: "the will which he made." στατῆρας: about one hundred thousand drachmae.

40. ὃς ἐφύλαττεν ... Κύπρῳ: "who cared for and managed all his property in Cyprus."

41. δικαίως ἀπεφάνθη: "rightly exhibited." τῇ νόσῳ: "the sickness, which was fatal." εὖ φρονῶν: "being of sound mind and memory." διέθετο: "drew up his will."

PAGE 59. **42.** γῆν μὲν καὶ οἰκίαν: see § 29, where the price of the house is given as 50 minae, or 5000 drachmae. The price of the land may thus be calculated. See Büchsenschütz, Besitz und Erwerb, p. 82. κατεχορήγησε: "used up as χορηγός." Cp. κατεχρήσατο, 19, 22.

43. εἰσενήνεκται: "spent in εἰσφοραί, or special property taxes." These were levied in time of war. Cp. 12, 23. See Gilbert, 1, 345. οἱ Κύπριοι: the ambassadors mentioned in § 21. Hence the article, which Lysias does not, as a rule, use with gentile nouns. Cp. Βοιωτῶν, 12, 58. μικροῦ λείποντος: "lacking a little," "a little less than."

44. πολλαπλασίων δοκούντων: "although it (the property) seemed to be many times greater." The argument is intended to prove that no part of the property of Aristophanes can have been withheld, by making a comparison of it with that of Conon, under whom he served. According to the speaker's calculation, Aristophanes' property amounted to more than one-third of Conon's, although one would not have expected it to reach anything like that sum. The figures on which the comparison is based are misleading, for they include the expenditures of Nicophemus, and only the property actually left by Conon.

45. ἀπολέσθαι: cp. § 34.   ἀκήκοα: cp. § 5 and 55.

Page 60. οὐσίας: G. 171, 1; H-A. 748.

46. αὐτίκα: "for example." ἐνειμάσθην: cp. 16, 10; 32, 4.

47. Νικίου: the famous general who perished in the expedition to Syracuse. οἶκος: "estate." Cp. 12, 93. ἔνδον: see § 22. Νικήρατος: son of Nicias, who was put to death by the Thirty. ἀπέθνησκεν: "was about to die." G. MT. 38. οὐδ' αὐτὸς ἔφη καταλείπειν: "himself declared that he was not leaving." οὐσίαν: G. 153, n. 4; H-A. 1003. See the examples in Van Cleef, p. 52 f.

48. ὅτε . . . πατήρ: "immediately after the death of his father." ἐτιμήσατο: "valued." τίμημα: "value." Κλεοφῶντα: Cleophon, ὁ λυροποιός, for some time the leader of the popular party at Athens. See Aristotle, Ἀθην. πολ., p. 78 f. τὰ χρήματα: "the moneys," which he was supposed to have. παρ' οἷς: "in whose hands."

49. ἀρχαιοπλούτων: "of rich families," like Nicias and Callias. ἐν δόξῃ γεγενημένων: "become noted," for wealth, like Cleophon. ὁ δεῖνα: "so and so," "what's his name." G. 85; H-A. 279. Also Brugmann, Griech. Gram., § 94. Kühner-Blass 1. p. 615.

50. ναυκλήρων: "ship captains." ἔμποροι: "wholesale merchants," "importers." These paid a definite sum to the state for the protection of their ships, and in addition gave "tips," called εὔνοιαι, to the naval officers. ταῦτα ἐξήλεγξε: "brought this to a test," by bringing suit against him. ἀπογράφοντος: "handing in his accounts." This was done before the λογισταί, or auditors. See Gilbert, 1, 215. δεομένης: cp. § 11. λογίσασθαι: "give a detailed statement."

51. ἔπαθέ τι: euphemistic for ἀπέθανε. Cp. 32, 6. τῷ μεγίστῳ: "The very greatest." μή: G. 283, 4; H-A. 1025. αἴτιοι οὖν: "responsible then for *your* being deceived in the cases of many, and for some being ruined unjustly, are those who," etc. G. MT. 101.

52. τέτταρα ἢ πέντε ἔτη: B.C. 411–407. ἠξίουν: "thought it wise." αἱ πόλεις: of the Athenian alliance. For a statement of such operations, see Demos. 8, 24. ἐπιτροπευσάντων: "guar-

dians"; viz. his uncles Perikles and Ariphron. This section is either an interpolation, or out of its proper place, which would be after § 48. § 53 joins in thought on to § 51.

PAGE 62. 53. μεταγιγνώσκειν: to form a later and so a changed opinion. οὔσης: concessive. ἐθελησάντων: conditional.

54. δικαίως: cp. 24, 7. σιωπῶντες: concessive. παρέχωσι: G. 233; H-A. 914, B.

55. After γραφῆς two lines of text found in the Ms., and containing a résumé, are rejected by most editors, with Westermann. οὐδείς μοι ἐνεκάλεσεν: "no one ever brought a charge against me." οἰκῶν: since he lived near the market, and the courts were held in that vicinity, the temptation to hang about them was all the greater. πρὶν γενέσθαι: G. MT. 630, and cp. § 28.

56. συγγνώμην ἔχετε: "bear with me," "have patience." φιλοτιμίας ἕνεκεν: "in a spirit of boasting." λέγω, or some equivalent word, may be supplied.

PAGE 63. κινδύνου: risk of detection and prosecution.

57. εἰσὶ δέ τινες οἱ πρ.: "there are those who," etc. The article is unusual in such use. The sentence is a capital picture of the designing liberality of the politician. ἄρχειν: "to hold office." Cp. the statements about his father, in § 18. He performed all the duties, however, which fell to him.

58. σώματι: "in person." δοκοῦντά τι ἐξ ἀρχῆς ἔχειν: "being considered wealthy from the first"; *i.e.* possessing an inherited fortune, and so he would have been called on to perform these public services as often as the law permitted it.

59. συνεξέδωκε: "helped to portion." Cp. 12, 21. μέλλοι: opt. of indirect statement. μαρτύρων: so Markland for Ms. μου. τὸν καὶ τόν: "this one and that one." The κῆρυξ would read off the names. G. 143, 2; H-A. 655, b.

PAGE 64. 60. οὐδ' ἂν εἷς: G. 77, 1, n. 2; H-A. 290, a. ὤν: = εἰ εἴη. ἄλλα: "in other matters." εἰς χρήματα: "in regard to money matters."

61. λόγοις, ἔργοις: cp. 12, 33.   τῷ χρόνῳ, ὃν νομίσατε: proverbial.   δύο τάλαντα: from § 34 we may infer that the property left was worth four talents, and in the next section the speaker says that he is now serving as trierarch, which shows that he was worth at least three talents. He may mean here that not more than two talents will result from a forced sale, after the various expenses are deducted.   εἰς χρημάτων λόγον: "from a financial standpoint."   ἔχωμεν: cp. τοὺς ἔχοντας, 16, 14.

62. κἀκεῖνον: supply παρασκευαζόμενον from the following infinitive.   ὀλίγα κατὰ μικρόν: "a small property, little at a time."   τῷ γ' ἔργῳ: "in the real truth," of the case as it stands.

PAGE 65. **63.** καὶ τῇ πόλει: "for the state also," as well as for himself.   αὐτίκα: see § 46.   ἵππευεν: served as ἱππεύς.   ἀθλητάς: "racers."   Ἰσθμοῖ: see on Σφηττοῖ, 17, 5. See Guhl and Koner, p. 225.   τὴν πόλιν κηρυχθῆναι: the city, as well as the name of the victor in the games, was announced.

64. ἀναιρεθέντας: agrees with ἡμᾶς, to be supplied from ἡμῖν. G. 279, 3; H-A. 982.   Cp. 32, 10. With the closing appeal, compare that of Oration 22.

ORATION XXII.

INTRODUCTION.

Athens was largely dependent upon foreign countries for her grain. See Demosthenes, 20, 31. It was therefore of the highest importance to her citizens to maintain a sufficient and constant importation, and to provide against the concentration in a few hands of the supply in the city and Peiraeus. To this end the state kept a close supervision over the dealers in grain, by means of special officers, called σιτοφύλακες. Of these Aristotle says in his Constitution of Athens, chap. 51 (Kenyon's translation): "Their duties are, first, to see that the unprepared corn in the market is offered for sale at reasonable prices, and, secondly, to see that the millers sell barley meal at a price proportionate to that of barley, and that the bakers sell their loaves at a price proportionate to that of wheat, and of such weight as the commissioners may appoint."

Besides the general supervision of this business, special laws for its regulation had been made, and one of these forbade any dealer from buying at one time more than fifty φορμοί, under penalty of death. The term φορμός is not common as a term of measurement. It occurs in Hesiod, Works and Days, 484; and in Herodotus, 8, 71, in the meaning "sack," or "crate." It is generally considered equal to the μέδιμνος. In that case fifty phormi are seventy-four and one-half bushels. See Hultsch, Griechische und Römische Metrologie, p. 106, 703.

This speech was delivered at the trial of some of these grain-dealers for breaking the law just mentioned. The speaker is a member of the βουλή, who gives his reasons for appearing against them, §§ 2 and 3. The trial is before a Heliastic court. The action is εἰσαγγελία. See Meier and Schömann, p. 312 f., 323. The speech is one of great interest, giving us a clear view of some attempted governmental regulation of business at Athens. Its date is probably 387 B.C. (§ 14). Jebb, p. 227; Blass, p. 465.

PAGE 66. 1. θαυμάζοντες: because, as appears from § 2, he had apparently been at first in their favor. Notice the emphatic ἐγώ. λόγους: "complaints." συκοφαντεῖν: "bring baseless charges"; malicious prosecutions. ὅθεν ... περὶ τούτων: cp. 12, 43.

2. πρυτάνεις: the members of the council from each tribe who formed for one-tenth of a year, each in turn, this committee for the preparation of business for the council and the ecclesia. See Aristotle, Ἀθην. Πολ., ch. 43. In the discharge of this duty they referred the case brought before them to the council, whose duty it was first to decide whether to take up the case or not.

In the first alternative they had to hold the regular preliminary examination, and then, if it seemed to them a capital case, to refer it to a Heliastic court for trial. Gilbert, 1, 264. With these facts in mind, the meaning of §§ 2 and 3 is plain. ῥητόρων: "those speaking on the subject." ἀκρίτους: "without a legal trial."

This is one of the complaints made, by the speaker of Or. 19 (§ 7), concerning the treatment of Nicophemus and his son. See Frohberger's introduction to Or. 19. τοῖς ἕνδεκα: the board which had control of the state's prison, and managed the executions there. ζημιῶσαι: inf. of purpose. ἡμῶν: the members of the βουλή. γνώσεσθαι: "to decide."

3. πεισθείσης ταῦτα: "was convinced of this." H-A. 724, a. ἐποιούμην: G. 243, n. 1; H-A. 935, b. κρίσις: not the trial proper, but the preliminary investigation corresponding nearly to the ἀνάκρισις. See note on last section, and Appendix A. ἔργῳ ἀπελογησάμην: "I gave a practical refutation to the charges."

PAGE 67. κειμένοις: "existing," "established." Cp. 32, 23.

4. τὰς αἰτίας: "the charges" mentioned in the first sentence of § 3. ψηφίσησθε: G. 240; MT. 647; H-A. 924, 921.

5. The ἐρώτησις, or questioning in court of the opponent. See on 12, 24. μέτοικος: see 12, 6. ὡς ποιήσων: G. 277, n. 2 (a); H-A. 978. ἄλλο τι ἤ: G. 282, 3; H-A. 1015, b. οἷς: supply as antecedent τούτων, depending on τί. H-A. 996, 2. ἔγωγε: "yes." συν- in composition = "together with." τῶν ἀρχόντων: "the officers." Here, and in the following sections, the σιτοφύλακες are meant. See § 16.

6. ἐὰν ἀποδείξῃ ... ἀποψηφίσασθε: G. 223; H-A. 898. κελεύωσιν: G. 225; H-A. 894, 1. μηδένα: G. 283, 6; H-A. 1029.

7. χρῆν: G. 222, n. 2; H-A. 897. ἀπαγορεύων: G. MT. 914; H-A. 986.

PAGE 68. **8.** οἱ μὲν τέτταρες: "The four," excluding Anytus. There were five in all for the Peiraeus. ὑπερβαλλόντων: "outbidding." φιλονικοῦσιν: sc. ἀλλήλοις ὑμῖν: the public, as represented by the jury. ὡς ἀξιώτατον: "as cheaply as possible." δεῖν γάρ ... τιμιώτερον: "for they (the dealers) must sell at an advance, if only of a single obol." κἄν: H-A. 1053. 2; G. MT. 228.

9. καταθέσθαι: "to store up." ἀντωνεῖσθαι: "to seek to buy in opposition to." The sentence beginning with καὶ ὡς is difficult

to understand. The meaning seems to be that they cannot justify
themselves by citing this command of Anytus; for, even were they
correct in their interpretation of it, the order was given under a
former council, and was of no value in the present year in which
they were guilty of this wrong. The sentence is suspicious, be-
cause in Lysias the reading of the evidence follows immediately
the words μάρτυρα(ς) παρέξομαι. See § 12, and 12, 42; 19, 27.

10. Even if they speak the truth about the officers, that is no
defence for them, but implicates the latter in their guilt.

11. ἀλλὰ γάρ: see 12, 99.   **ἐλεύσεσθαι**: see Veitch.

PAGE **69. 12. τῆς αὐτῆς τιμῆς**: "at the same price."   **συνεω-
νημένος**: supply σῖτος.   **δραχμῇ**: like ὀβόλῳ, § 8, dat. of degree
of difference.   **κατὰ μέδιμνον**: in small quantities, and so (possi-
bly) at different prices.

13. εἰσφοράν: see note to 7, 31.   **εἴσεσθαι μέλλουσιν**: "are
sure to know about."   **ἐφ' οἷς ... ταῦτα**: cp. 7, 18, 30.   **ὑμε-
τέρᾳ**: G. 147, n. 1; H-A. 694.

14. The statements of this section show that many of the tricks
of a modern produce exchange were familiar to Athenian specu-
lators.   **Πόντῳ**: the main source of grain importations.   **τὰς
σπονδάς**: probably the Peace of Antalcidas, 387 B.C., is meant.

PAGE **70. 15. εἰς τοῦτ' ἔχθρας**: cp. 12, 22, 67.   **ὁποσουτινο-
σοῦν**: "at any price whatever."   **πολιορκούμεθα**: are in a virtual
state of siege, owing to the difficulty of buying grain and the high
prices of it.

16. ἀγορανόμους: Aristotle, Ἀθην. Πολ., ch. 51, κληροῦνται δὲ
καὶ ἀγορανόμοι, πέντε μὲν εἰς Πειραιέα, πέντε δ' εἰς ἄστυ. τούτοις
δὲ ὑπὸ τῶν νόμων προστέτακται τῶν ὠνίων ἐπιμελεῖσθαι πάντων ὅπως
καθαρὰ καὶ ἀκίβδηλα πωλῆται.   **τέχνῃ**: "business." Cp. 23, 7;
24, 4 f.   **πολιτῶν ὄντων**: an appeal to the prejudices of the
jurors. "Will you treat these men" (who were largely metics)
"with more consideration than you showed to citizens?" There
is a complete failure to see the lack of legal principle which this
involves.

17. εἰ γάρ ... δόξεθ' ὑμεῖς: "for if you shall acquit them when they confess to combining against the importers, *you* will seem." On the form of the conditional clause, see 12, 11.   συνίστασθαι: probably by agreeing not to pay the prices demanded, and so forcing down the market rate. The importers were obliged to sell two-thirds of all the grain they brought into the harbor for domestic use. See Aristotle, Ἀθην. Πολ., ch. 51. There is in Demosthenes, 56, § 7–10, an interesting account of the way importers kept informed as to the market prices at Athens. If the price there was very low, they carried their cargoes to other ports. οὐ δεινὰ ... εἰ: see on 12, 36.   ἐφ' ὑμῖν ... πιστεύειν: "it would be for you to believe whichever you choose," *i.e.* to credit either plaintiff or defendant. Cp. ἐπὶ σοί, 12, 26.

18. ἐχόντων ταύτην τὴν αἰτίαν: "charged with the same offence."

PAGE 71. **19.** κοινότατοι τοῖς ἐν τῇ πόλει: "of the greatest interest to the inhabitants of the city."   ἐψηφισμένοι ἔσεσθε: see on 12, 82.

20. οὕτω: that is, if you condemn them.   περὶ τοῦ σώματος: "for their lives." Cp. περὶ τῆς ψυχῆς just below.

21. τῶν πολιτῶν: those mentioned in § 16.   προθυμοτέρους: agrees with οὕς to be supplied.   καπήλων: a contemptuous term for the σιτοπῶλαι, "hucksters."

PAGE 72. **22.** ὅτου δικάζονται: "on what charge they are being tried." The clause is the object of πυθέσθαι. For the gen. case, see G. 173, 2; H-A. 745. The speaker's final appeal to their sense of justice and to their self-interest is very clever.

ORATION XXIII.

INTRODUCTION.

This speech deals with the question as to whether a certain suit had been brought in the right court. The facts are these. The speaker, name unknown, sued a certain Pancleon, whom he thought to be a metic, making his summons before the Polemarch. Pancleon put in a "plea to the jurisdiction," claiming to be an Athenian citizen. The question thus raised had to be determined before the original case could proceed. The speaker tells in a lively way how he collected his evidence. The oration is particularly interesting, aside from its legal aspects, as showing some habits of every-day life at Athens. So we see the custom of men from different parts of Attica when they came to market to gather in certain localities. The Deceleans frequented a certain barber-shop, in the market-place near the Hermae. (See Wachsmuth, 2, 391.) The Plataeans were to be found in that part of the agora where new cheese was sold. When a meeting was to be arranged for a future day, the agora is selected as the place, § 9. All public life centers in the market-place, and the glimpse of it here given us is very suggestive. The following oration has additional information in the same line. The story, in Plutarch's Life of Nicias, ch. 30, about the news of the disaster to the Athenian forces in Sicily, is interesting in this connection, whether it be authentic or not.

PAGE 73. 1. ὀρθῶς: "in right manner," according to the proper legal form. δίκην ἔλαχον: "brought suit against." See on 17, 3.

2. προσεκαλεσάμην πρός: "I summoned him to appear before." πολέμαρχον: all suits against metics were brought before the Polemarch. Cp. 17, 5. Πλαταιεύς: the Plataeans had been enrolled among the various tribes, and given the rights of citizens. ὁπόθεν δημοτεύοιτο: "to what deme he belonged." -θεν, as in Ἀλωπεκῆθεν, 19, 16. ἧστινος below has the same meaning. καί: "also," that he might be doubly sure. τοὺς τῇ Ἱπ. δικάζοντας: i.e. before a division of the circuit judges, οἱ κατὰ δήμους δικασταί. There were forty of these. They had the power of rendering final decision in cases involving not over ten drachmae, but otherwise possessed only preliminary jurisdiction. See Meier and Schömann, p. 88 f.

3. ἐπὶ τὸ κουρεῖον: cp. 24, 20.   ἵνα: "where."   ἑτέρας δίκας ... ὠφλήκοι: "is now defending some suits, and has lost others." He had thus admitted that he was subject to the jurisdiction of the Polemarch.

4. ἐπίλαβε τὸ ὕδωρ: "stop the water." Addressed to the officer of the court. See Appendix A.

5. αὐτὴν ... εἶναι: "stated in his answer that the action was not within the jurisdiction of the court."   περὶ πολλοῦ ... βούλεσθαι: "wishing very much to seem to no one to be willing to act in a high-handed manner." He cared more for carrying out the *forms* of legality, than for getting satisfaction from Pancleon.

6. εἰς τὸν χλωρὸν τυρόν: "into the new cheese market." That part of the market where cheese was sold, for the Athenians called these places from the things sold in them. See Büchsenschütz, p. 471.   ἕνῃ καὶ νέᾳ: "the old and new." Supply ἡμέρᾳ. It was the last day of the month. For explanation of the term, see A. Mommsen, Chronologie, and Müller's Handbuch, 1, 562.   εἷς δέ τις: Nicomedes, § 9.

ἀφεστῶτα: "runaway."   τὴν τέχνην: see § 2.

9. ἀγόμενον: the full form of the expression is ἄγειν εἰς δουλείαν. To do this was the right of every Athenian if he found a slave who had left him. If any one disputed the right he must furnish sureties to produce the slave before the Polemarch for a judicial determination of the matter. See Meier and Schömann, p. 658 f. ἐξαιρεῖν (or ἀφαιρεῖν), εἰς ἐλευθερίαν: the opposite of ἀγεῖν εἰς δουλείαν.   ἐπὶ τούτοις ... ἀπιόντες: "on this statement, having engaged to produce him in the Agora, they went away." Apparently both sides came to an agreement to postpone the matter until the following day.

10. τῆς ἀντιγραφῆς: the "plea to the jurisdiction" of the Polemarch in this action, § 2.   τῆς δίκης: the main question about which the suit was brought, § 2.   ἐφ' οἷς ἐξηγγυήθη: to establish those statements "on the strength of which he was released under surety."

11. τοῦτο βιαιότητος: cp. 22, 15.

PAGE 76. ᾤχοντο: subject is οἱ παρόντες τούτῳ, his friends, the οἱ ἐπιτήδειοι of § 12.

12. μὴ ὅτι: "not only." H-A. 1035, a; G. MT. 707. Cp. 19, 31. ὅστις: "one who." ἐνόχους τοῖς βιαίοις: "liable for an action for forcible seizure." See Meier and Schömann, p. 645. τῶν ἀγόντων: "those seeking to carry him into slavery." This he might do by bringing an action like the one just mentioned. ὅτι εὖ εἰδώς: the statement here changes from the general idea to the particular case of Pancleon. ὄντα: G. MT. 905. περὶ τοῦ σώματος: "for his freedom."

13. ἀντωμοσίᾳ: "the pleadings," at the ἀνάκρισις. Meier and Schömann, p. 827. ἀμφισβητῶν μή: G. 263; H-A. 1029. Similarly μή with διεμαρτυρήθη: "it was denied by the evidence that he was."

14. ἐπισκηψάμενος ... ἐπεξῆλθεν: "having brought an action for perjury against the witness, he did not follow it up." He not only did not prosecute this witness, but let the entire suit of Aristodicus go by default. ὑπερήμερος: did not satisfy the judgment within the prescribed time.

PAGE 77. ἐξέτεισε ... ἔπειθε: "he settled the case on such terms as he could make," with Arist. For the form -ετεισε, see Meisterhans, p. 145.

15. Θήβησι: G. 61, n. 2; H-A. 220. εἰκὸς ἦν 222, n. 2; H-A. 897, 834. The statement rests on the fact that the Plataeans and Thebans were bitter enemies.

ORATION XXIV.

INTRODUCTION.

Aristotle in the Ἀθηναίων Πολιτεία, ch. 49, says (Kenyon's translation): "The Council also examines infirm paupers; for there is a law which enacts that persons possessing less than three minas, who are so crippled as not to be able to do any work, are, after examination by the Council, to receive two obols a day from the state for their support." This speech deals with the case of one of these cripples, who at his annual examination (made to determine whether the pension was rightly given or not), is charged with being an improper subject for the state's charity. The objector charges that he is not crippled, has an income from his trade, is a rough and a brute, and keeps a resort for evil men. To these charges the accused replies in detail, by showing their absurdity, and treats the whole case as a huge joke. Many of the arguments he offers are intentionally absurd, and the spirit of the speech is in keeping with them, though there are one or two passages of real pathos. It is one of the best examples of Lysias' power in the delineation of character. Aside from the interest which is connected with the nature of the case, and with the art of its composition, is that which comes from its picture of a very important side of Athenian life, — the life in and about the ἀγορά. In the last oration certain places were mentioned as popular resorts, and here we learn that there were many such and that the ἀγορά was the center of them all, § 20. The best account of the ἀγορά in its various relations to the political, religious, and social life of Athens is to be found in Wachsmuth, Die Stadt Athen im Alterthum, vol. 2, p. 305 f. The speech was delivered before the βουλή. Its date cannot be determined, the only reference to an historical fact being in § 25, and this is very indefinite, Blass, p. 648; Jebb, p. 254.

PAGE 78. 1. Compare with the tone of the first sentence, 16, 1. παρεσκεύασε: "got up." Cp. παρασκευή, 12, 75; 19, 2. δοίην: indirect question. H-A. 1011, a, last clause; G. MT. 677; Stein, note to Herodotus, 1, 56. ἔχων is imperfect.

2. οὐ μὲν γάρ: Rauchenstein reads εἰ μὲν γάρ and thinks the unfinished sentence was completed by a gesture to indicate the absurdity of the idea. εἰ δ' ὡς ἐχθρόν ... τιμωρεῖται, ψεύδεται: "but if he is seeking to avenge himself on me on the ground that I am an enemy of his, he lies," *i.e.* in saying that I am his enemy.

φίλῳ: cp. 19, 16, 18; 28, 16. "I never had any dealings with him, either as a friend, or an enemy."

3. ἤδη τοίνυν: "now then," the only possible supposition is, etc. τούτου: see note on 12, 84. The next sentence means: if my character and conduct are no sounder than my body, I'll be no better than my accuser.

PAGE 79. **5.** τεκμηρίοις: is in apposition with the two clauses which follow. ἀναλίσκειν: "to spend money." Used without an object, cp. προαναλίσκειν, 19, 57. τυγχάνει: supply ὤν. H-A. 984, a; G. MT. 902.

6. τρέφων: "supporting." ἔτος: modifies both τελευτήσασαν and πέπαυμαι. οἳ θεραπεύσουσι: see note on 12, 98. κτήσασθαι: "buy," *i.e.* a slave to relieve him of the labor. This practice was very common at Athens. See Büchsenschütz, p. 192. πρόσοδος: "income." ὑπὸ τύχῃ: the Greek contains a personification of τύχη hard to express in English, "in the power of."

7. σῶσαι ... ἀδίκως: cp. 19, 54. γιγνόμενον: "getting."

PAGE 80. ἀγρίως ἀποδέξησθε: "receive harshly." τολμήσαντες: see 12, 5.

8. Two pairs of clauses are contrasted, and μέν is expressed twice in the first pair; δέ, however, stands alone in the second pair. εἰ τότε μὲν ... λαμβάνων: "if it should appear that I was *then* receiving."

9. μόνος: the usual form of the expression is found in 19, 26. μόνος gives a peculiar, perhaps comic, force to the superlative. καταστᾰθείς: the aorist passive of this very frequent verb only here and 13, 35. ἀντίδοσιν: this was an "exchange of properties," to which one on whom any λῃτουργία had fallen, could summon another whom he considered better off financially than himself. The person thus summoned might assume the "liturgy," and thus dispose of the matter, or he could deny that he was better able to perform it, and demand a judicial investigation of the respective properties. See Meier and Schömann, p. 738–744; Gilbert, 1, p. 342. ἐξ ἴσου: "on an equality." τοιοῦτον: "such," "so poor," as I claim. καὶ ἔτι πονηρότερον: "and still more wretched."

10. τοῦτο φιλοσοφεῖν: "study this problem," viz. what the next clause states. μεταχειριοῦνται: G. 217; H-A. 885. ταύτην ῥᾳστώνην εἰς: "this as relief for." Cp. ταύτην, 12, 37.

PAGE 81. **11.** τὴν ὕβριν: "the arrogance," which the accuser had mentioned. ἀστράβης: an easy saddle, with a kind of back, commonly for mules. It was much used by women. See Göll's edition of Bekker's Charicles, 2, 14. ἀλλοτρίους: belonging to others, borrowed or hired. See next section.

12. The sense is, if he had seen me riding with the soft and easy ἀστράβη, he could have had nothing to say (as this would be natural for a cripple), but now he attempts to persuade you that my riding these borrowed horses is a proof of physical soundness. σιωπᾶν ἄν: = ἐσιώπα ἄν. τὴν αὐτὴν αἰτίαν: his crippled condition.

13. The shamelessness of the accuser consisted in putting his statements against the evidence of the eyes of all the jury. κληροῦσθαι: "be chosen by lot." As physically infirm he was by law excluded from participation in the lot. This casting of lots was under the direction of the θεσμοθέται. "Now," says the speaker, "if he can prove me sound in body, why can't I become a candidate for the archonship? Then, I suppose, he could prove himself a cripple and get my pension." πάντας: hard to explain. τῶν ἀρχόντων: G. 169, 2, n.; H-A. 732. In the last sentence we should in English put τὸν αὐτόν in the second clause. "For surely you will not take away from one ... and the Thesmothetae prevent the same man."

14. ἀλλὰ γάρ: "but, I won't say anything more about that, for." εὖ φρονῶν: "when in his right mind." ὥσπερ ... οὔσης: "as if my infirmity were an heiress." By the Athenian law, if a woman after her marriage became, through default of male heirs, entitled to her father's estate, a male relative might claim the privilege of marrying her, even divorcing his own wife for this purpose. See Meier and Schömann, p. 614. ἥκει ἀμφισβητήσων: cp. 12, 22.

15. ὥσπερ ... ποιήσων: "just as if, if he call dreadful names, he will be likely to seem to speak the truth, but will not accomplish this if he use mild terms." ὥσπερ goes with μέλλων. With ἄν supply ὀνομάσῃ. After πραόνως the Ms. has μηδὲ ψεύδηται which Rauchenstein drops. Weidner drops μηδέ.

18. ἀμύνεσθαι τοὺς ὑπάρξαντας: "to protect themselves from those who have first abused them." Supply with ὑπάρξαντας, ὕβρεως. **περιγίγνεσθαι**: "to get the better of."

PAGE 83. **τοιοῦτος**: *i.e.* ὑβριστής. **ὥσπερ τι καλὸν ποιῶν**: "as if he were doing something smart."

19. συλλέγεσθαι ὡς ἐμέ: "gather at my shop." **οὐδὲν ἐμοῦ κατηγορεῖ**: true so far as the charge that they were many (πολλούς) is concerned, but not true in view of their asserted character (πονηρούς). **ὡς ἐμὲ εἰσιόντων**: "visiting me."

20. See introduction to speech. **τοὺς κατεσκευασμένους**: "those who have established themselves." **διατριβόντων**: "loafing." **ἀμοῦ γέ που**: "somewhere or other." For the form, see Kühner-Blass, § 176, Anmerk. 5.

21. ἀλλὰ γάρ: cp. 7, 42; 12, 99. **ὑμῖν**: depends upon ἐνοχλεῖν. For its position, cp. § 27.

PAGE 84. **διὰ τουτονί**: "through the influence of this man." **κοινῇ πάντες ... οὗτος εἷς ὤν**: contrasted as in § 13. **τῶν μεγίστων ἀρχῶν**: "the highest offices." **ἡμᾶς**: himself and all others like him.

23. προνοηθεῖσα: "with provident thought for." **τύχοιμι τοιούτων ὑμῶν**: "find you to be of such disposition," *i.e.* as to vote against him. For the construction, cp. § 27; 18, 23; and see L. and S. under τυγχάνω.

24. ἀπώλεσε: "lost," through fine or confiscation. **οὐ τοιαύταις ... χρώμενος**: "do not chance to possess such conditions of life," as are necessary for such conduct. Cp. § 16.

25. Rauchenstein changes the order of the text from that in the Ms., which is here followed. ἁπάντων: "as well as all of you," is Sauppe's explanation of the word. The objection to taking it with μεθ' ὑμῶν, as "with all of you," "in company with all of you," is that part of the βουλή may have been members of the other faction. Dobree inserts περί before ἁπάντων, and this is adopted by Frohberger and Weidner.

26. ὁμοίων . . . τοῖς πολλὰ ἠδικηκόσιν: "such (so disposed toward me) as those who have committed many offences," have found you disposed toward themselves. ταῖς ἄλλαις βουλαῖς: "the council in previous years," before which he must have passed his yearly examinations.

PAGE 85. **27.** ὑμῖν: depends upon ἔξω τὴν χάριν, "the favor" which is proper under the circumstances. περιγίγνεσθαι: cp. § 18.

ORATION XXXII.

INTRODUCTION.

This oration is not in the manuscripts of Lysias, but, as we have it, is quoted by Dionysius of Halicarnassus as a specimen of Lysias' style in the forensic form of eloquence. It belongs to a special class of speeches, the ἐπιτροπικοί, or those in cases called δίκαι ἐπιτροπῆς, actions by a ward against his guardian for mismanagement of the trust. We have a famous example in the speeches by Demosthenes against his guardian Aphobus. In one speech, numbered 29, he gives the first words of the "complaint" in his case: τάδ' ἐγκαλεῖ Δημοσθένης Ἀφόβῳ: ἔχει μου χρήματ' Ἄφοβος ἀπ' ἐπιτροπῆς ἐχόμενα. The suit against a guardian might be brought by the ward as soon as he became of age (see § 9), and the right to bring an action lasted but five years after this time. See Meier and Schömann, p. 562. The circumstances under which the present speech was delivered are given in the body of the speech itself. The persons mentioned, and their relationship, may be shown as follows: —

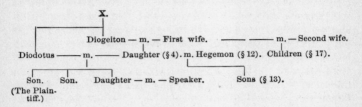

The time of the speech can be almost exactly fixed. Diodotus left Athens on the military expedition in the year 410–9 B.C. Diogeiton had managed the property eight years when the older son came of age, and this action followed. This puts it in the year 401–400 B.C. The oration, as we have it, is incomplete, breaking off in the middle of a calculation. Dionysius quoted it, to show what he considered some of the best points in Lysias' oratory, and so we may conclude that we have the best of it. Professor Blass, p. 625, thinks that we have about three-fourths of the whole. The dramatic effect in the composition is very great, and vies in this respect with the scene in the thirteenth speech, § 39–42. The suit is tried before a Heliastic court, under the presidency of the King Archon.

PAGE 86. 1. τούτους: the two sons of Diodotus, both of whom would be in court, although only the elder was named as party to the action. διαφέρεσθαι ... πρός: "to have differences with." χείρους: see § 3, and 16, 3. ἔλαττον ἔχοντες: "being ill treated." Cp. 12, 49. As the sense is passive, ὑπό with the gen. is used to denote the agent. ἔχοντες is the supplementary participle. ὑφ' ὧν ἥκιστα ἐχρῆν: "at the hands of those for whom it was least proper." The same in § 10. κηδεστήν: here "brother in law." In § 5 "father in law." See note to 19, 9.

2. πολλὰ δεηθεὶς ἀμφοτέρων: "having asked both of them many times." τοῖς φίλοις ἐπιτρέψαι δίαιταν: "to entrust an arbitration

of the case to their friends," and so avoid the disgrace of a public trial. τῶν ἄλλων: "outsiders." ἐξηλέγχετο: before the friends mentioned above. οὐδενὶ ἐτόλμα: "could not bring himself to trust any one." Cp. 12, 5. The boys laid their case before friends and were willing to leave the decision to them, but Diogeiton was not willing to do the same. μὴ οὔσας διώκειν: to let judgment be taken against one by default and then to seek to have the judgment set aside. This was possible in the preliminary steps of a legal process. See M. and S. p. 972 f.; Gilbert, p. 371. τῶν πρ. τ. ἐγκλημάτων: "all causes of complaint with reference to them."

PAGE 87. 3. βοηθεῖν αὐτοῖς τὰ δίκαια: "to assist them in getting their rights." Cp. 5, 1.

4. τὴν ἀφανῆ οὐσίαν: the property represented by cash and securities. τῆς δὲ φανερᾶς: "the real property." The same as χρήματα φανερά, 12, 83. This includes, however, more than the term "real estate," as it was applied to slaves, animals, furniture, etc. ἐργασαμένου: "acquired." Cp. κτησάμενος, 19, 37. Marriages between uncle and niece were very common at Athens, especially among the rich, where the object was to keep the property as far as possible in the family.

5. καταλεγείς: cp. 16, 13. With the genitive, as here, 30, 8; G. 169, 2; H-A. 732. Θρασύλλου: a noted general, one of the leaders of the opposition to the Four Hundred. He was put to death with the other generals after the battle of Arginusae. Grote, 7, 289, 370; Curtius, 3, 470, 544. The detailed statement of the relationship is made to bring out more forcibly the unnatural character of Diogeiton's offense. δικαίῳ: see on λέγοντι, 12, 1. γενέσθαι: "to prove to be." Cp. 12, 97, ἄνδρες ἀγαθοὶ γενόμενοι. παρακαταθήκην: "deposit."

6. ναυτικὰ ἐκδεδομένα: "lent out on bottomry." In the commercial state of Athens a very common way of employing capital. Either the ship, or the cargo, or both might be pledged as security. For details, see Büchsenschütz, p. 486 f. There is an interesting example of such a contract in [Dem.] 35, 10–13. In this the

voyage, the cargo, and the interest are all specified, and penalties named for non-fulfillment. As the risk was great, the interest was proportionately high. By comparing § 15, it is sure that one item is wanting here. δισχιλίας: sc. δραχμάς. πάθη: see 19, 51. ἐπιδοῦναι: see 16, 10; 19, 14. δωματίῳ: see 12, 10. κατέλιπε τῇ γυναικί: "he left with his wife." κυζικηνούς: see 12, 11.

7. ἀντίγραφα: "copies." The original documents are γράμματα σεσημασμένα, which were left with Diogeiton.

PAGE 88. θυγατέρα: G. 164; H-A. 724. ἐκ: "by means of." κομίσασθαι: "to collect," "to convert into cash."

8. τὰ νομιζόμενα: the erection of a cenotaph (the σῆμα of § 21), at which yearly offerings were made. ἐπιλειπόντων: "began to run short." ἄστυ: see 12, 16.

9. δοκιμασθέντος: "had passed his δοκιμασία (Or. 16)," at his admission to citizenship. This took place when a boy had reached his eighteenth year. There is a full account of the process and of the subsequent life of these youths in Arist. Ἀθην. πολ. ch. 42. εἶχον: "was in funds." Cp. 16, 14.

10. ἐκπεπτωκότες: H-A. 820. See § 16. ἀποστερηθέντας, καταστάντας: G. 279, 3; H-A. 982.

PAGE 89. **11.** τελευτῶσα: H-A. 968, a; G. MT. 834. εἰ καί: "although." H-A. 1053.

12. τὸν ἔχοντα: the fact of her second marriage is stated in § 8. εἰς ἔλεγχον ἰέναι: cp. 16, 1. τίνα ποτὲ ψυχὴν ἔχων: "with what possible spirit."

13. παραστησαμένη: cp. 12, 10. τοὺς ὕστερον γενομένους: of her second marriage. ὅπου: cp. 19, 32.

PAGE 90. **14.** ὅτ' ἐκ Κολ. διῳκίζετο: "when he (Diogeiton) was moving from Collytus." This was a deme partly within the city walls. τῷ βιβλίῳ: "the account book."

15. ἐγγείῳ ἐπὶ τόκῳ δεδανεισμένας: "loaned out on interest on mortgage." ἔγγειος means based on real estate. φοιτᾶν: "was coming in." This σῖτος may have been in the nature of interest on the loan mentioned in § 6. ἅπερ: "the very amounts." See § 6.

16. For fuller information on the things mentioned here, see Guhl and Koner.

17. καὶ ταῦτα ... ποιεῖς: "and in that you do well." ἀποδεῖξαι: "to represent." In § 22 "to furnish," "present with." ἐπί: cp. Demos. 19, 13.

PAGE 91. **18.** ὡς ἀνάξιον ... κατέλιπεν: "how unworthy was the guardian he had left of his property."

19. πολίταις: cp. τῇ πόλει, 12, 20.   οἰκειοτάτοις: "nearest relatives."

20. ὅς: "he, who." Cp. 12, 65.   ἔξαρνος: see 12, 31; 16, 8. λῆμμα καὶ ἀνάλωμα: "income and expenditure."   οὐκ ἔχων ... χρήματα: "not having a place (in his accounts) where he could put the money." With this interpretation, τρέψειε represents a dubitative subjunctive. G. 256; H-A. 866, 3. If we supply ἀποδεῖξαι with ἔχων, the meaning will be "not being able to say where he had spent the money." Cp. Aristoph. Wasps, 665. ὄψον: fish, meat, and vegetables; in fact, nearly every article of food beside bread. See Plato, Republic, 372 C.

PAGE 92. εἰς κουρέως: "for barber's services." The gen. depends upon some word to be supplied. Perhaps "at the barber's shop" is better. The complaint is that the account was not itemized.

21. He put in the account 5000 drachmæ for a gravestone, and pretended to have paid one-half himself. Really, he spent less than the amount he charged his wards.   ἀρνίον: Boeckh says that ten drachmae was sufficient for this purpose. Then Diogeiton's expense would have been reduced to a very small figure.   ζημίαις: "losses." Cp. § 25.

22. ἅ ... συνελογίζετο: "which he reckoned together to make out the total amount." Cp. 19, 59.   κεφάλαιον generally means "capital," as distinguished from τόκος, "interest." For the subj. and opt. after ἵνα, see 12, 7.   πολεμῶσι: here used of private enmity.

23. ἐξῆν: G. MT. 421.   κεῖνται: see 22, 3.   ἐπιτρόπων: depends on both of the datives, which are datives of interest. On the various provisions of this law which allowed a guardian to rent the entire estate (οἶκος), see Meier and Schömann, 361, 557.

PAGE **93.** ὁπότερα: = εἰ θάτερα. Plur. for sing.   οὐδενός ... ἦσαν: "they would be as rich as any of the Athenians." Cp. 7, 31. ἦσαν: G. MT. 528.   φανεράν: "visible," with the further notion of "real," "secure."   κληρονόμον: personification of πονηρία. Cp. 24, 14.

24. ὁ δέ: see 19, 25, 33.   συντριηραρχῶν: see Gilbert, 1, 351. δυοῖν δεούσας: For the form of expression, H-A. 292. Cp. 19, 43. τὸ ἥμισυ: this transaction was similar to the case of the μνῆμα, § 21.   ἀτελεῖς: "exempt."   πράττεται: see 17, 3.

25. ὁλκάδα ... ταλάντοιν: "merchant-ship with a cargo worth two talents."   ὁ κίνδυνος: "the risk" of the venture.   ἐσώθη: "got back safely."   ὅποι μέν ... ἐγγράψει: *i.e.* he will enter in his accounts only items *against* his wards.

26. The speaker now resumes the case of the trierarchy, § 24.

PAGE **94.** οἴκαδε: to the house of Aristodicus.   ἐκείνῳ: Alexis.

27. ὅσον περ ... γεγένηται: "exactly what his whole expenditure had been."   διεχείριζεν: "was managing."   τούτων: G. 156; H-A. 1005. Cp. 19, 14.   μναῖς ζημιῶσαι: "caused them a loss of 24 minae."

28. ἐκ τούτων αὐτῷ λογιοῦμαι: "I shall make a reckoning for him with this sum as a basis."   πρόσοδον: "income" from interest money.   ἀπό ... ἀναλίσκων: "subtracting, as I reckon it up, directly from the principal." Thus he makes the calculation under the most favorable conditions for Diogeiton.   θήσω εἰς: "allow for," "enter as a charge."

PAGE 95. 29. οὐ γάρ ... ἀποδεδωκώς: "for he couldn't show that he has lost by pirates, or suffered any loss in business, or paid anything to creditors." ... Here the quotation in Dionysius breaks off.

ORATION XXXIII.

INTRODUCTION.

Like the last one, this speech is a fragment, and is preserved only by having been quoted by Dionysius of Halicarnassus, who prefixes to it the following statement (Lysias, ch. 29): ἔστι δή τις αὐτῷ πανηγυρικὸς λόγος, ἐν ᾧ πείθει τοὺς Ἕλληνας, ἀγομένης Ὀλυμπίασι τῆς πανηγύρεως, ἐκβάλλειν Διονύσιον τὸν τύραννον τῆς ἀρχῆς καὶ Σικελίαν ἐλευθερῶσαι, ἄρξασθαί τε τῆς ἔχθρας αὐτίκα μάλα, διαρπάσαντας τὴν τοῦ τυράννου σκηνὴν χρυσῷ τε καὶ πορφύρᾳ καὶ ἄλλῳ πλούτῳ πολλῷ κεκοσμημένην.

"For," he continues farther, "the tyrant had sent a splendid representation to the festival to awaken the admiration of the Greeks." From Diodorus we learn additional particulars; that chariots were entered in Dionysius' name for the four-horse chariot race, and that singers chanted poems composed by himself. Further, that the effect of Lysias' speech upon the crowd was such that they destroyed and plundered the tyrant's tent. This was the ninety-eighth Olympic Festival, B.C. 388. The speech was delivered by Lysias himself. He takes the theme which had been introduced by Gorgias, and which was followed later by Isocrates. The style of the oration is interesting, and differs widely from that of the other speeches. To appreciate the spirit, we must get a good idea of the surroundings. See, best of all, for this, Bötticher, Olympia, Berlin, 1883. Also Baedeker's Handbook for Greece. For a discussion of this species (the epideitic) of oratory and its development at Athens, see the works of Blass, and of Jebb, and the various histories of Greek literature.

PAGE 96. 1. Ἡρακλέους: as the mythical founder of the games. See Grote, 1, 136–138. Pindar, Ol. 11, and Gildersleeve's introduction to the ode. συνήγειρε: properly, to collect the people together to or for something. Cp. Aristoph. Plutus, 584. Here used of the assembly itself. ἀλλοτρίως: see Thucyd. 1, 3.

2. τυράννους: see the passage from Grote quoted above, and in dictionary of Mythology, under Hercules (Herakles).

4. στέργειν: "put up with."

PAGE 97. 5. ἡ ἀρχή ... θαλάττης: "the power is in the hands of those who are masters of the sea." Naval superiority was the key to the situation all through the Peloponnesian and Corinthian wars. βασιλεύς: H-A. 660, c.

6. τῇ αὐτῇ γνώμῃ: "with the same purpose," "with united purpose." Cp. § 7.

7. τίνι ποτὲ γνώμῃ χρώμενοι: "with what possible idea." Cp. 32, 12. καιομένην: G. 279, 3; H-A. 982. μόνοι ... χρώμενοι: these are national traits, of which the Lacedaemonians were very proud. See, for example, the story in Herod. 7, 159, and cp. the fine description in Curtius, 1, 211–228. ἀθάνατον ... κεκτῆσθαι: "possess their freedom as something imperishable."

PAGE 98. γενομένους: causal.

8. τῶν ἀπολωλότων: of the Greeks who had been conquered by the Persians in the East and by the tyrants in the West. The orator's injunction is in the spirit shown by the Athenians in the story in Herod. 6, 21.

APPENDIX A.

LAW COURTS AND LEGAL PROCEDURE AT ATHENS.

MAGISTRATES AND COURTS.

The Athenian legal system divided all judicial functions into two parts. First, an examination and preparation of each case; and secondly, the actual trial of the issues involved before a court of citizens. The first part of the process was cared for by various magistrates, of whom the Archons were the most important. To the first Archon (ἐπώνυμος) belonged the duty of examining all cases concerning domestic relations. The King-Archon had charge of actions concerning the state religion and of trials (indictments) for murder or homicide. The third Archon (Πολέμαρχος) attended to suits in which aliens, including the metics, were interested.

The remaining six Archons formed a board called the θεσμοθέται and had a general jurisdiction which included all cases not specifically assigned to some other magistrate.

In the fourth century B.C. nearly all actions, whether public (γραφαί) or private (δίκαι), were brought for final hearing and decision before the Heliastic court (ἡλιαία. The members of it were called ἡλιασταί). Every Athenian citizen who had reached his thirtieth year was eligible to membership in this body. To be admitted to it, he had to make application before the Archons, prove his right, and then subscribe to the official oath, which was also renewed each year. This oath was, in substance, as follows: ψηφιοῦμαι κατὰ τοὺς νόμους καὶ τὰ ψηφίσματα τοῦ δήμου τοῦ Ἀθηναίων καὶ τῆς βουλῆς τῶν πεντακοσίων, περὶ ὧν δ᾽ ἂν νόμοι μὴ ὦσι, γνώμῃ τῇ δικαιοτάτῃ καὶ οὔτε χάριτος ἕνεκα οὔτ᾽ ἔχθρας. καὶ ἀκροάσομαι τοῦ τε κατηγόρου καὶ τοῦ ἀπολογουμένου ὁμοίως ἀμφοῖν καὶ ψηφιοῦμαι περὶ αὐτοῦ οὗ ἂν ᾖ ἡ δίωξις. ὄμνυμι ταῦτα νὴ τὸν Δία, νὴ τὸν Ἀπόλλω, νὴ τὴν Δήμητρα, καὶ εἴη μέν μοι εὐορκοῦντι πολλὰ καὶ ἀγαθά, ἐπιορκοῦντι δ᾽ ἐξώλεια αὐτῷ τε καὶ γένει.

The entire body of the enrolled jurymen was divided into ten sections, which were designated by the letters of the alphabet from A to K. Each man received a bronze ticket stamped with his full name (*e.g.* Ἀριστοφῶν Ἀριστοδήμου Κοθωκίδης) and with the letter of the section to which he belonged. There were various court-rooms (how many is not known) in the city, and each day the different sections were assigned to them by lot in the following way. There were two urns, one of which contained the letters of the various sections, and the other the letters designating the court-rooms. The Thesmothetæ drew, at the same time, one ticket from each, and the assignment was made accordingly. If less than the full number of a section were needed, a further selection by lot was doubtless made. The daily assignment of sections was introduced later than the time of Aristophanes' Wasps. At that time (422 B.C.) the assignments were made for an entire year, and this gave opportunity for bribery. The different court-rooms were further designated by the color of the lintel of the entrance, and each juror was given a staff of the same color as that marking the court-room to which he belonged. This insured his admission to the proper place, and prevented any illegality in making up the jury. On his entrance into the court-room, each man received a ticket entitling him to receive his fee, three obols, at the close of the sitting. Inside the court-room a railing separated the jury and the parties to the action from the spectators. The number of the jury varied in different cases from two hundred to two thousand five hundred, and possibly on rare occasions even more. The number was determined either by a special vote of the popular assembly, or by law, according to the importance of the case to be tried.

The oldest of Athenian judicial bodies was the court of the Areopagus, ἡ βουλὴ ἡ ἐξ Ἀρείου Πάγου, or ἡ ἐν Ἀρείῳ πάγῳ. This possessed, down to the end of the sixth century B.C., a very wide

LEGAL PROCEDURE AT ATHENS. 163

jurisdiction. Its history shows a continual restriction of its powers, as one after another of these was taken by the popular tribunals.

In the fourth century B.C. its functions were limited to hearing and deciding cases of murder, of poisoning (when attended by fatal results), and of arson. It had charge also of the public or sacred olive-trees, and possessed a general supervisory power in matters concerning the state religion. Its sessions were held either on the hill from which it was named, or in the office of the King Archon, the βασίλειος στοά, in the market-place. Its members were those ex-archons who, at the end of their year of service in the archonship, passed the usual investigation of their conduct in office, and a further special scrutiny before the Areopagus itself.[1]

CLASSES OF ACTIONS.

All actions may be divided first into private, or civil, δίκαι ἰδίαι, or simply δίκαι; and public, or criminal, δίκαι δημοσίαι, or γραφαί. Civil actions could be brought by the person aggrieved only, who suffered no penalty if he abandoned his case. Public prosecutions might be instituted by any citizen, who must, however, if he gave up the case, or at the trial failed to get one-fifth the votes of the jury in his favor, pay a fine of one thousand drachmæ, and suffer a partial loss of his civic rights.

Actions were further divided into δίκαι κατά τινος, where the complaint is against the personal act of the defendant (in tort); and δίκαι πρός τινα, where the action seeks to establish a question of legal right between the parties.

---

[1] The derivation and meaning of Ἄρειος (πάγος) has been the subject of much discussion, and still remains uncertain. Some of the literature on the subject is here indicated.

Philippi. Der Areopag und die Epheten, Berlin, 1874.

Wachsmuth, C. Die Stadt Athen im Alterthum, vol. I. p. 426 f.

Gilbert, G. Griechische Staatsalterthümer, vol. I. p. 361.

Wilamowitz-Möllendorf. Philologische Studien, I. p. 38, 101.

Köhler. An article in Hermes, VI. 102 f.

Harrison and *Verrall.* The Mythology and Monuments of Ancient Athens, p. 556 f.

A further division was into δίκαι ἀτίμητοι and δίκαι τιμητοί. In the first class the penalty or amount to be recovered was fixed by law, or by agreement of the parties. In the second it was to be fixed by the jury which sat in the case.

PROCEDURE.

The first step in any lawsuit was the summons, — κλῆσις, or πρόσκλησις; the verb is καλεῖσθαι, or προσκαλεῖσθαι. This must be made by the injured on the offending person, in the presence of witnesses, usually two in number, who were called κλητῆρες. No summons without witnesses was lawful, and false statements by a pretended witness to a summons were punishable by a specific action, — γραφὴ ψευδοκλητείας. The plaintiff, at the time of the summons, named the day, as a rule not less than five days off, on which the defendant must appear before the proper officer to hear the charge against him. In a few cases, however, the accused was obliged to accompany the complainant before the magistrate, — ἀπαγωγή, — or the magistrates caused him to be brought before them, — ἔνδειξις. Similar to the last two proceedings was the εἰσαγγελία, in which the person was seized by order of the βουλή or the πρυτάνεις, and these three were in the nature of summary arrest. In making a summons the complainant was not allowed to enter the house of the defendant. He might, however, call him outside, or, if he refused to come, read the summons in front of the house, and then make a "service by publication" through the proper court officer.

The plaintiff must now, not later than the day for which he had made his summons, lodge with the proper magistrate his written complaint, ἔγκλημα, or λῆξις.

On the day named for the appearance of the parties, the magistrate gave his decision first of all as to whether the action were εἰσαγώγιμος; that is, were in proper legal form and brought before the proper court, and within the legal time after the cause of action had arisen. If these forms had been duly observed, including the proper attestation to the service of the summons by the witnesses thereto, and the defendant did not appear, then judgment was given against him by default. If the defendant appeared, but failed to establish any objection to the form of the action, the case was remanded to a further day for the preliminary hearing, ἀνάκρισις. At this point the parties made deposits for certain court fees. The magistrate now caused the complaint to be published. This was done by writing it on a tablet — σανίς, λεύκωμα — and hanging it up near his office. We have several examples of such complaints. The following is the one in an action by the orator Deinarchus:

Δείναρχος Σωστράτου Κορίνθιος Προξένῳ, ᾧ σύνειμι, βλάβης, ταλάντων δύο. Ἔβλαψέ με Πρόξενος, ὑποδεξάμενος εἰς τὴν οἰκίαν τὴν ἑαυτοῦ τὴν ἐν ἀγρῷ, ὅτε πεφευγὼς Ἀθήνηθεν κατῄειν ἐκ Χαλκίδος, ... χρυσίου μὲν στατῆρας ὀγδοήκοντα καὶ διακοσίους καὶ πέντε, οὓς ἐκόμισα ἐκ Χαλκίδος, εἰδότος Προξένου, καὶ εἰσῆλθον ἔχων εἰς τὴν οἰκίαν αὐτοῦ, ἀργυρώματα δὲ οὐκ ἔλαττον εἴκοσι μνῶν ἄξια, ἐπιβουλεύσας τούτοις.

At this point the defendant's answer, or counter-plea, ἀντιγραφή, was put in.

At the ἀνάκρισις each party to the action made oath to his statement, — ἀντωμοσία, or διωμοσία, — and the magistrate by examination of the parties arranged the facts, the evidence offered, and the principles involved, for presentation to the trial court. He could also at this point throw out the complaint entirely if the defendant should prove any legal bar to its being entertained. This bar might be a "statute of limitations," — προθεσμία, — a previous action, or a private settlement, or, further, any disabling circumstance in the person of the plaintiff. Both sides might present witnesses at this time, and either side could proceed against a witness for supposed perjury. As further action on the merits of the case must await the decision of any point thus raised, an opportunity for legal delay was often afforded.

At the ἀνάκρισις the evidence on both sides was introduced, and this was of the following kinds : (*a*) Laws, — νόμοι, — which were introduced by either party in written copies. (*b*) Documentary evidence, as contracts, — συγγραφαί, συνθῆκαι, — wills, — διαθῆκαι, — public records of magistrates, and resolutions adopted by the ecclesia, — ψηφίσματα. (c) Affidavits as to facts, which might be offered by, or demanded of, either party to the suit. (d) The testimony of slaves, but only when it had been exacted under torture applied in a legal manner. This might be demanded by either party of his opponent, and either plaintiff or defendant might voluntarily offer his slaves for examination. (e) The evidence of witnesses. Any free man might be summoned by a fellow-citizen as a witness to any of the more important events of everyday life, and whoever was thus summoned was obliged to give his testimony before the proper magistrate, or suffer an action for damages by the aggrieved party. As a rule, one could not be a witness for himself, nor testify as to what he had heard from others. Evidence might be taken "by commission," as with us. All this kind of evidence was produced at the ἀνάκρισις, and was reduced to writing. This, together with all documents in the case, was sealed up by the magistrate in an earthen or metal vessel, — ἐχῖνος, — to be kept intact until the day of the trial in court.

There was also evidence called ἔντεχνοι. This depended upon the skill of the lawyer or advocate in grouping the facts and in arguing from probabilities. This of course was laid before the judges at the final trial, and was given a far greater weight in making up a verdict than would be allowable at the present time.

The next step in an action at law was the trial of the case. This took place upon a day fixed in advance, either by some law which applied to all cases of a certain class, or by the magistrate who had conducted the ἀνάκρισις. The various reasons for postponement which are common now held good then also, and settlements of cases might still be made by the parties concerned.

Very early in the morning the Heliastic court, divided into sections, met in the various court-houses in the city. The crier made a formal proclamation of opening, and then called the case which stood first on the calendar for the day. The plaintiff and defendant occupied raised platforms in the court-room. The magistrate before whom the suit had been brought presided, and ordered the complaint and answer to be read. When this had been done, he called upon the parties to the action to speak for themselves. It was the theory at Athens that every man should plead his own cause, and this necessity led to the habit of buying speeches prepared for the occasion by a professional speech-writer. Further than this, the actual parties to a suit often made themselves a very short statement of their respective side of the case, and then, by the permission of the court, called on a "friend" to speak for them. This "friend" then delivered an oration, elaborating the points already made, and sought by rhetorical devices to strengthen their force. The time allotted to each side was fixed in advance and measured by a kind of water-clock (κλεψύδρα). Hence the expression ἐν τῷ ἐμῷ ὕδατι, "in the time allotted to me." The flow of water was stopped while evidence was being given, or documents were being read. The order for this was given to the officer of the court who had charge of the water-clock. See oration 23, καί μοι ἐπίλαβε τὸ ὕδωρ. Witnesses were present in court, and stood on the orators' platform. They gave their assent to their testimony which had been previously reduced to writing, and was read in court by a clerk. The speaker was allowed to question the opponent, and he was obliged to answer. Only the judges might interrupt the speaker. The parties used also other means of influencing the minds and working on the feelings of the judges. Sometimes their families were brought into court, and the accused sometimes assumed the olive branch of a suppliant.

When the speeches on both sides had been delivered, the presiding magistrate ordered the jurors to vote. Each one of them was then, in open view of both parties, furnished with two metal disks, which served as ballots, by the appointed court officers. One of these disks was perforated, and was counted as a vote for the plaintiff in a civil action, or for condemnation in a criminal case. The other was solid, and indicated a vote for the defendant. Two urns were placed in the court-room to receive these ballots, — one of bronze to receive those to be counted as votes, and one of wood to receive the others. This method insured perfect fairness of voting, as each juror received a possible vote for each side, and was obliged to deposit them in such a way that he could vote for one only. The ballot was a secret one, so far as knowing how any particular man voted, for if he held the disks between the thumb and finger when dropping them into the urns through the slit at the top, no one could see which of the two he put into either urn.

When all had voted, the ballots were counted. Whichever side had the larger number won the case. If the number were even, the case was decided in favor of the defendant. If a verdict was given for the plaintiff on the main issue, a second vote was often taken on the amount to be recovered by him. The plaintiff then named the sum he claimed, the defendant made a counter proposition, and the jurors decided as before. If the complainant, in public suits (γραφαί), did not obtain one-fifth of all the votes cast, he was subject to a fine of one thousand drachmas, and lost the right to bring any such suit in the future. Usual punishments in criminal cases were death, exile, and confiscation of property. If sentence of death were pronounced, it was executed by the Eleven. A man sentenced to exile refused to go at the peril of his life. Confiscation was made by an inventory taken by the state's officers, and the property was sold at a public sale. Fines must be paid within a specified time or be doubled. A judgment creditor, if payment was delayed beyond the legal time, might seize his debtor's property to satisfy his claim.

APPENDIX B.

MANUSCRIPT AND EDITIONS OF LYSIAS.

THE only original source for orations 1–31 is a manuscript in the Heidelberg library called Codex Palatinus. It contains what is left of two different collections, to the first of which belonged orations 1–11 (except the second), while the other comprised numbers 12–31. This manuscript was written in the twelfth century and came to Europe from Nicaea. Orations 32, 33, 34, no one of which is entire, are preserved by having been quoted by Dionysius of Halicarnassus.

The first printed edition is that of *Aldus*, Venice, 1513, and this was followed by the edition of *H. Stephanus*, Geneva, 1575. By his pages Lysias is still frequently cited. So, for example, in Liddell and Scott.

Reiske, in Oratores Graeci, vols. 5 and 6, Leipzig, 1772. Vol. 5 contains the text, with critical notes by the editor and by Taylor, Markland, and Wolf. Vol. 6 contains a list of various readings, a Latin translation, and an *Index Graecitatis*. Similar to the last, and with much of the same material, is the edition by *Dodson*, in Oratores Attici, vol. 2, London, 1828.

Baiter and Sauppe, in vol. 1 of Oratores Attici, Zurich, 1839.

A. Westermann, Text edition, Leipzig, 1854.

C. G. Cobet, Text edition, Amsterdam, 1863.

C. Sheibe, Text edition, Leipzig, 1874. These last three are convenient text editions of all the orations. Of the three, Westermann's is perhaps the most satisfactory.

H. Frohberger. Selected Orations, with German Notes. Leipzig, 1866–1871. Contains Orations 12, 13, 25 (in first vol.); 14, 10, 32, 1 (in second vol.); 16, 30, 31, 19, 24 (in third vol.); together with a rather long critical appendix, and a valuable index to the matters treated in the notes. The first volume is now published in a second edition by G. Gebauer. There is also a smaller edition by Frohberger, of which the first vol. (second edition by Gebauer, 1882) contains orations 12, 13, 25, 16, 31; and the second, 14, 15, 10, 32, 1. This and the following are of great value.

R. Rauchenstein. Selected Orations, with German notes, 9th and 10th editions, by K. Fuhr, Berlin, 1886, 1889. Vol. 1 contains orations 12, 13, 25, 16, 31; vol. 2, orations 19, 7, 22, 30, 23, 24, 32, with critical appendix. This is the best edition with notes.

J. M. Whiton. Select Orations. 2d edition, Boston, 1881. Contains orations 16, 12, 25, 7, with full grammatical references, notes on the subject-matter, and on the antiquities. An excellent edition for the four speeches it covers.

E. S. Shuckburgh. An edition of sixteen of the speeches (5, 7, 9, 10, 12, 13, 14, 16, 17, 19, 22, 23, 24, 28, 30, 32), with very full notes. London, 1882. The best features of the edition are the copious notes on the subject-matter and the introduction. The text is a reprint (typographical errors included) of Scheibe's, and is too much broken up by long summaries of its contents.

W. A. Stevens. Orations 12, 13, 7, 22, 2. 4th edition. Chicago, 1884. This is apparently a reprint of the first edition of 1876. It contains some good notes. The text is not, however, an improvement on that of Scheibe, of which it is a reprint.

A. Weidner. Leipzig, 1888. Text edition of fourteen orations, with an extract from Xenophon's *Hellenica*, Book 2, and an index. The text of each speech is divided into parts by marginal figures, according to the rhetorical theory of composition. The text itself is arbitrarily altered in places. The edition is convenient and contains the valuable first oration.

APPENDIX C.

SOME AUXILIARY HELPS.

Blass, F. Die Attische Beredsamkeit. Vol. 1, *von Gorgias bis auf Lysias.* 2d ed. Leipzig, 1887.

Jebb, R. C. The Attic Orators from Antiphon to Isaeus. 2 vols. London, 1876. Both of these are standard works, and to them reference has been made (at the end of the introductions to the speeches in this book) for fuller discussion of each oration as to its genuineness, time of composition, literary merit, etc.

Girard, J. Études sur l'eloquence Attique, *Lysias,* Hypéride, Démosthène. 2d ed. Paris, 1884.

Volkmann, R. Die Rhetorik der Griechen und Römer. 2d ed. Berlin, 1885.

Gow, James. A Companion to School Classics. 3d ed. London, 1891. This is one of the most useful books of its kind. It contains the results of the best writers on the various questions connected with the subject-matter of Greek and Latin books. It deals very briefly with the transmission of our texts, with the military and civic antiquities of Greece and Rome, and gives a sketch of the drama and of philosophy in these states.

Müller, Iwan. Handbuch der Klassischen Altertumswissenschaft. Nördlingen, 1886 and following. Nine volumes, or parts of volumes, have so far appeared. Vol. 3, Geographie und Politische Geschichte, 1889. Vol. 4, part 1, Die Griechischen Altertümer, 1887.

Curtius, E. Die Stadtgeschichte von Athen. Berlin, 1891. Contains maps and plans of great value.

Aristotle. Ἀθηναίων Πολιτεία, edited by F. G. Kenyon. London, 1891.

Schömann, G. F. The Antiquities of Greece, The State. Translated by Hardy and Mann. London, 1880.

Gilbert, G. Handbuch der Griechischen Staatsalterthümer. 2 vols. Leipzig, 1881. [A new edition of this has been announced, and also an English translation.]

Wachsmuth, C. Die Stadt Athen im Alterthum. 2 vols. Leipzig, 1874, 1890.

Büchsenschütz, B. Besitz und Erwerb im Griechischen Alterthume. Halle, 1869.

Hultsch, F. Griechische und Römische Metrologie. 2d ed. Berlin, 1882.

Blümner, H. Leben und Sitten der Griechen. 3 vols. Leipzig, 1887.

Guhl and Koner. The Life of the Greeks and Romans. Translated from the third edition by Hüffer. London, 1878.

Bekker, W. A. Charicles. Edited by H. Göll. 3 vols. Berlin, 1877.

Hermann, K. F. Lehrbuch der Griechischen Rechtsalterthümer. Edited by Thalheim. Freiburg, 1884.

INDEX

OF WORDS AND CONSTRUCTIONS.

[THE FIGURES REFER TO THE PAGES.]

GREEK.

αἰτέομαι, 136.
ἀμοῦ γέ που, 152.
ἀμφίθυρος, 111, 112.
ἀναθέμενος, 104.
ἀνάκρισις, 165.
ἀναλίσκω, 150.
ἀντίδοσις, 150.
ἄξιός τινος, 128.
ἀπαγωγή, 164.
ἀπογραφή, 101.
ἀπόλλυμαι, 137, 138.
ἀσέβεια, 100.
ἀστράβη, 151.
ἄστυ, 155.
βαδίζω, 110.
βουλὴ ἐξ Ἀρείου Πάγου, 162.
γίγνομαι, 155.
γνώμην ἔχειν, 106.
δεινός, 102.
διατρίβω, 152.
δίδωμι, 106.
δίκην διδόναι, 102.
δίκην λαμβάνειν, 102.
διωμοσία, 165.
δοκιμάζω, 125.
δοκιμασία, 156.

δωμάτιον, 111.
ἔγκλημα, 164.
εἰκῇ, 102.
εἰκὸς ἦν, 125.
εἰσαγγελία, 164.
ἐλάα, 101.
ἐλεύσεσθαι, 144.
ἐλθόντες, 117.
ἐμπορικαί (δίκαι), 130.
ἔμποροι, 139.
ἔνδειξις, 164.
ἔνδον, 135, 139.
ἔξαρνος εἶναι, 126.
ἐπὶ σοί, 113.
ἐπιδίδωμι, 127.
ἔπιπλα, 136.
ἔτεισε, 148.
ἐφήγησις, 104.
ἐφόδια, 111, 127.
ἔχθρα, 109.
ἐχρῆν ἄν, 117.
καθίστημι, 100.
κηδεστής, 133, 154.
κλείσιον, 112.
κλῆσις, 164.
κομάω, 128.

173

λαγχάνειν (δίκην), 130, 146.
λῃτουργῶν, 106.
μεθίστημι, 125.
μέν ... δέ, 105.
μέτοικοι, 110.
μορίαι, 99, 100.
νεώτερος, 128.
ὃ μέν ... ὃ δέ, 104.
ὁ δεῖνα, 139.
οἶκος, 122, 139.
ὅτε πρῶτον, 112.
οὐκ ὅπως, 137.
οὑτοσί, 102.
ὄψον, 157.
παρασκευή, 120, 133.
πάσχω, 104.
πεδίον, 105.

πείθω, 103.
πλέον, 102.
προθεσμία, 103.
πρόκλησις, 106.
πρόσκλησις, 164.
πρυτάνεις, 142.
πυρκαϊάς, 105.
σηκός, 100.
συκοφαντέω, 142.
σύνδικοι, 126, 131.
τέχνη, 144.
τολμάω, 110, 155.
ὑεῖς, 114.
φύλαρχοι, 116, 126.
χράομαι, 134.
χρῆν, ἐχρῆν, 104.
χρῆσαι, 135.

ENGLISH.

Adverbs in -ῃ, 102, 111.
Article, 111, 135, 138, 143.
Attic (inscriptional) forms, 101, 102, 106, 112, 114, 148.
Attraction of Relative, 123, 124.
Attraction of Antecedent, 133, 139.
Final Clauses, 110.
Future, 123.
Future Indicative in Conditions, 111, 115, 122, 145.

Genitive of Time, 105.
Genitive with διά, 101.
Participle, the Substantive, 120.
Participle, Supplementary, 114.
Perfect (periphrastic form), 121.
Pluperfect (periphrastic form), 104.
Relative Clauses, 103, 123, 124, 133, 139.